进化型组织

应对数字化变革的心态、技能和工具

（Gary A.Bolles）

[美] 加里·A.博尔斯 —— 著

余嘉明 —— 译

**THE NEXT
RULES OF WORK**

中国科学技术出版社
·北 京·

© Gary A. Bolles, 2021

This translation of The Next Rules of Work is published by arrangement with Kogan Page. Simplified Chinese translation rights © 2023 by China Science and Technology Press Co. Ltd.

北京市版权局著作权合同登记 图字：01-2022-4401。

图书在版编目（CIP）数据

进化型组织：应对数字化变革的心态、技能和工具 / （美）加里·A.博尔斯（Gary A.Bolles）著；余嘉明译 . —北京：中国科学技术出版社，2023.9
书名原文：The Next Rules of Work: The Mindset, Skillset and Toolset to Lead Your Organization through Uncertainty
ISBN 978-7-5236-0136-5

Ⅰ.①进… Ⅱ.①加… ②余… Ⅲ.①企业管理－组织管理学 Ⅳ.① F272.9

中国国家版本馆 CIP 数据核字（2023）第 106392 号

策划编辑	任长玉	责任编辑	孙倩倩
封面设计	北京潜龙	版式设计	蚂蚁设计
责任校对	焦　宁	责任印制	李晓霖

出　　版	中国科学技术出版社
发　　行	中国科学技术出版社有限公司发行部
地　　址	北京市海淀区中关村南大街 16 号
邮　　编	100081
发行电话	010-62173865
传　　真	010-62173081
网　　址	http://www.cspbooks.com.cn

开　　本	880mm×1230mm　1/32
字　　数	189 千字
印　　张	9.125
版　　次	2023 年 9 月第 1 版
印　　次	2023 年 9 月第 1 次印刷
印　　刷	河北鹏润印刷有限公司
书　　号	ISBN 978-7-5236-0136-5/F·1156
定　　价	79.00 元

（凡购买本社图书，如有缺页、倒页、脱页者，本社发行部负责调换）

自从机械诞生以来，人类就对工作前景忧心忡忡。但这种担忧基本与遍地机器人的遥远未来无关，令人们担忧的其实是今天，以及一个让人挥之不去的念头：就业系统中存在裂缝，这意味着许多人将在未来掉队。

许多人都认为自动化和全球化将促进就业发生巨大变革。但我们知道，正在影响就业的是变革的速度和规模，这两种相伴相生的力量可创造出多种可能的工作前景。不过，我们可以通过推演和共创"新一代的工作规则"，来共同打造一个未来。

自从机械诞生以来，人类就对工作前景忧心忡忡。

我能写本关于工作规则的书，倒是挺讽刺的，毕竟我是从美国硅谷闯荡出来的，而让硅谷人引以为傲的正是雷厉风行，还有打破常规。

然而，在工作方面，规则是有的。［尽管很多时候，用电影《虎豹小霸王》（*Butch*

Cassidy and the Sundance Kid）中的话来说，它们通常更像是"方针"而不是规则〕许多规则是看不见的，其作用形式与其说是镌刻石上的金科玉律，不如说是旨在优化成果的灵活做法。

在理想的情况下，我们从小就该拾起这些做法，好为成年后不断地迎接颠覆性变化做足准备。但我猜，你并没有那么走运。

现实是，我们大多数人只能一路走、一路摸清"工作规则"。然后，规则变了又变……周而复始。没有指南，没有提示。

我想在这里给你一点提示。希望你能提升眼界，采取行动，从而为你的个人、团队和组织赋能。

我们将简要回顾"老一套的工作规则"，在人类短暂的历史中，这些做法可追溯至相当久远的年代。我们将看到工作规则是如何一路变化的——但从来没有像今天这样快。从而，我们将明白为什么规则不仅要新，还要适应"新一代"。

我们将看到四条基本的"新一代规则"，将它们作为方针，在今天指导少数人开展工作，而在明天将引领无数人。

我们发现，心态、技能以及不断改进的工具是未来职场中三足鼎立的利器。这些利器佐以实用策略，能帮助我们在充满剧烈变革和不确定性的世界中壮大自己。

最后，我们将探索自己的每一个行动如何助力塑造人人都想要的未来。（简单概括一下就是：一个都不落下！）

请把本书看成一本烹饪想法的食谱，不仅讨论接下来的事，更要讨论现在的事。有些食谱会给出具体的配方、精确的用量和准确的说明，但这本书不一样，它是用帮组织顺时而动的想法铺就的景观。如果书中内容奏效，最显著的好处之一就是帮个人、团队和组织建立新式的工作心态。你还将有许多机会学习新技能，你将发现各种可用的新工具，但主要的好处还是新一代的心态。

目录

第四部分　工具

关于书中的指代问题

在本书中，我频繁使用"他们"来指代单个人物。我的父亲多年前在《你的降落伞是什么颜色？》（*What Color is Your Parachute?*）一书中首倡这一做法。他认为，几个世纪以来，我们一直对人称代词的性别含糊其词，所以现在，我们也该将人称代词的数量模糊处理。而在他之前的时代，写作惯例也常常变化。

如果我对某人直呼其名，就说明我认识他们。

你们会发现，对我而言，断不可冒他人之功。假如我引用了你的任何理论，但未注或误注出处，我深表歉意。烦请纠正，并附上正确出处，以便本人妥善标注。

变革的速度和规模

在新冠疫情暴发之前，对大多数人来说，工作前景这个话题还只是理论。尽管我们中的许多人一直在谈论些重大战略，例如全面拥抱数字技术，以及利用分布式团队（Distribute Teams）的工作方式，但许多领导者并未感受到变革的紧迫性。

然而，在新冠疫情暴发后，有关工作前景的讨论几乎在一夜之间从理论变为实践。那一年，在一项关于组织变革的研究中，企业生产力研究所发现，在接受调查的7000多名高管中，其中有三分之二表示他们的企业经历了颠覆性变革。这结果并不令人意外。

几十年来，许多未来学家一直在预测技术突破的颠覆性影响，如未来学家雷·库兹韦尔（Ray Kurzweil），著有《奇点临近》（*The Singularity is Near*）等书籍。我第一次见到库兹韦尔是在十多年前，那时他和我一起在美国新英格兰地区巡回演讲。我俩驾车在会场间穿梭，路上那几天我简直像听了堂关于创新的大师课。2008 年，库兹韦尔成为奇点大学的联合创始人，几年后，我开始与奇点大学合作，担任工作前景学院的兼职主席。库兹韦尔为微处理器和其他突破性技术绘制了著名的"指数"曲线，说明了随着成本下降，技术为效能带来的提升多么显著，以及如何迅速颠覆了一系列行业。

许多其他作者已经预料到颠覆性技术会像海浪一样不断涌现。在《反思人性》（*Rethinking Humanity*）一书中，作者托尼·西巴（Tony Seba）和詹姆斯·阿尔比布（James Arbib）预测了信息和通信技术、能源、交通、食品和物理材料这五个"基础领域"的一系列突破。

未来主义者普遍认为，这些行业实现巨大飞跃已经不是会不会的问题，而是早或晚的问题。他们还指出了每一个行业中已经发生的重大变革。例如，全球许多市场的可再生能源已经比化石燃料成本更低，从而改变了这些市场的长期盈利点位。

　　毫无疑问，新技术的开发和普及速度正在加快。如果不信的话，看看与微波炉等相比，手机的开发和普及速度有多快（见图0.1）。

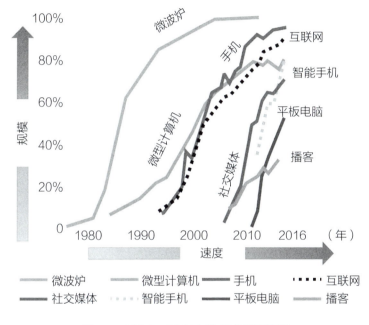

图0.1　1980—2016年的技术采用情况

来源：Visual Capitalist。

　　言归正传，技术固然重要，但不断变化的客户行为、全球市场的动向以及政府政策的转变，都决定了一项新技术是会颠覆原有行业格局，还是会得到世人一句"为时过早"的简单评价。新冠疫情催生的颠覆性变革与技术无甚关系，但与我们如何应对突然的系统性冲击大有关系。

我们真正的挑战不仅是源源不断的技术突破。当然，互联网时代变革的速度和规模将我们的组织、行业和生活不断洗牌。

先是变革的速度。美国著名经济学家杰弗里·萨克斯（Jeffrey Sachs）正好推导出了一个不可避免的结论，即我们面临的许多重大挑战都来自变革的速度，而且这种速度正在加快。当然，变化的速度既是客观的，也是主观的。这取决于你生活和工作的地方，你可能毫无察觉，也可能感受到剧烈变化，以至无力招架。但随着科幻小说中常见的技术纷纷突破化为现实，后一种情况更有可能发生。

变革的速度在很多方面影响着职场环境。源源不断的信息淹没了我们的感官，往往使我们难以筛选出与工作相关的内容。每个月，都有新软件成千上万地涌现，迫使我们必须掌握新的工作工具。也许最具挑战性的是，许多领域中相关信息的有效期限正在缩短，这要求我们不断学习新技术和新技能。

正如帕默集团（Palmer Group）首席执行官、广告营销大师雪莉·帕默（Shelly Palmer）喜欢说的那样，"今天是你余生中最慢的一天"。

但变革的规模也是一股巨大的力量。变革波及的人数，以及一个行业或社会所经历的变革次数，都比以往更多。如今，一家初创企业的社交媒体服务可以在几个月内积累10亿或更多用户。而在19世纪初，地球人口总数量甚至不到10亿。

当然，我们早有预示。1970年，阿尔文·托夫勒（Alvin Toffler）的《未来的冲击》（*Future Shock*）一书在世界各地引起了公众的思考，该书颇具预见性。他论述了影响全球社会的快速的、颠覆性的、常由技术推动的变化，并预料到了"铁饭碗的丢失"、知识经济的兴起、家庭和其他人际关系的分裂、适应变革的压力以及信息爆炸造成的认知负荷。他们知道，变革的速度和规模将在我们的社会中造成巨大的裂痕。

幸运的是，托夫勒还提出了各种各样的建议，比如学校开设"学习方法"课程、需要在人际关系中重建信任，以及培养"适度的未来感"——总之就是要对未来有足够的预期，以免被打个措手不及，但也不要陷入一厢情愿或逃避现实的幻想（这也是本书中所要讲的）。不幸的是，我们显然没有听进去。目前的教育机构没有明确地教授我们在不断变化的世界中生活的策略，其他机构，如组织和政府，也没有采用"新一代的规则"来实现以人为本的变革。

这种变革的速度和规模深刻地影响着就业市场。今天需要的技能和明天需要的技能之间的差异，以及变革影响的人群，正在急剧扩大。举个例子，一位煤矿工人希望转向高薪工作（比如编程等），另一名汽车引擎维修师现在需要了解电子点火系统，显然前者要走的路比后者远得多。

正是这种由技术推动的变革所带来的影响，推动我们广泛讨论工作前景，讨论现代化工具对变革的速度和规模所起的作用。

以史为鉴

早在古希腊时期，人们就认为自动化将取代人力。亚里士多德曾担忧道，倘若无生命的工具能按人的意志而自动工作，梭子能自动织布，琴能自动弹奏，那么作坊主就不用奴仆，主人就不用奴隶了。他对机器人的看法一针见血。

回望20世纪初，另一类对技术影响的预测则完全相反。当时，经济学巨擘约翰·梅纳德·凯恩斯（John Maynard Keynes）写了一篇名为《我们后代在经济上的可能前景》（*Economic Possibilities for Our Grandchildren*）的短文，这所谓的"后代"指的自然是你我。凯恩斯认为，在百年之内人类的"经济问题"将得到解决：

"因此，人类自出现以来，第一次遇到了他真正的、永恒的问题——当从紧迫的经济束缚中解放出来以后，应该怎样来利用他的自由？科学和复利的力量将为他赢得闲暇，而他又该如何来消磨这段光阴，生活得更明智而惬意呢？"

换句话说，到了现在，你我都该很有钱才对，我们不必工作，都闲得发慌。那我要问问，你的现实情况真是如此吗？

在凯恩斯之后的几十年里，许多其他革新者、经济学家，甚至漫画家都参与进来，在他们的预测中，技术驱动的未来可能是美好的，也可能是晦暗的。美国麻省理工学院数学教授诺伯特·维纳（Norbert Wiener）在1949年出版了《控制论》（Cybernetics）一书。在帮一家汽车装配厂设计了我们如今称之为机器人的装置之后，他意识到"这种设计所造成的失业只会是灾难性的"。

然而，大众媒体构想的往往是美好的。底特律艺术家阿瑟·拉德堡（Arthur Radebaugh）于1958年开始执笔《星期日报》（The Sunday Newspaper）漫画栏目《比你想象的更近》（Closer Than You Think），他预测了诸多奇妙的技术，比如电动汽车、无人驾驶、气垫船、手表电视、远程学习、电子家庭图书馆和电脑桌、墙壁大小的电视、家用机器人，甚至电子贺卡（当然是用微波发送到月球的那种）。不久之后，黄金时段动画片《杰森一家》（The Jetsons）风靡一时，为观众塑造了一个今天很多人都喜欢的设定：片中的父亲每周工作两小时，下班回家坐飞船。小的时候，这部动画片里对未来的畅想让我欲罢不能。

不过，再往后一点，人们对自动化的态度又转为担忧。20世纪60年代初，一群科学家担忧地告诫时任总统林登·约翰逊（Lyndon Johnson）："网络空间革命将创造一个人人无钱、无业、无技能的国家。"在演讲中，马丁·路德·金（Martin

Luther King）曾谴责"可怕的自动化"是非洲裔美国人获得平等经济机遇的主要障碍之一。

20世纪中叶，这些担忧肯定在劳动力的各个部门得到了证实。根据美国劳工统计局（Bureau of Labor Statistics）的数据，1950年，美国有100多万人在服装厂工作，纺织纱线和织物，生产从鞋子到针织衫的各种产品；近150万人在铁路系统工作；50多万人在煤矿工作。

到了2020年，尽管美国劳动人口翻了不止一番，但是这些行业的就业人数都不到从前的十分之一。

毫无疑问，大量的现代技术不可避免地转向用自动化取代人力劳动。越来越多来自硅谷及其他地区的创新企业将目光投向了从媒体到金融服务等一系列行业的人力工作。这些创新企业通常会研究人类胜任的任务，并寻找使用软件和机器人自动化完成这些任务的方法。

为什么？这正是风险投资公司投资此类企业的原因。风险投资公司希望初创企业能找到客户已经花了钱的东西，并"增利十倍"。也就是说，使用自动化方法时，必须将成本降到人力成本的10分之一，或者效率是人力的10倍。只有在降本、提效或两者兼备的情况下，客户才有可能使用新技术。

而且人力往往靡费颇多。美国和欧洲经济体中，约有三分之二靠服务业拉动，简单说就是人力。员工薪资能占到企业成本支出的三成到七成。因此，领导者想要削减人力成本是一个理性（尽管不太人性化）的决定。创业者都很乐意这么做，投资者也很乐意支持他们。而且，因为人员精简的重点在于实现自动化，企业可以效仿亨利·福特（Henry Ford）等人，此人曾说："世上无难事，只要肯细分。"

不妨看看机器人流程自动化的兴起。机器人流程自动化可以快速"学习"如何执行重复的人工任务，然后自动重复该任务。机器会的任务越多，工人就越轻松。

当然，在大多数经济体中，有一个词专指彻底"无事一身轻"的人，那就是"失业者"。这可和凯恩斯想的不一样。

尽管自动化在每个时代都让工作大变模样，但人们讨论机器人和软件时，依然对通常所说的技术性失业倍感担忧。因为这是套老生常谈的理论，所以当新闻头条报道机器人和软件夺走工作时，我们立刻为人类工作做最坏打算。但正如丹麦政治家卡尔·克里斯蒂安·斯坦克（Karl Kristian Steincke）在1948年所写的："预测是很难做的，尤其是关于未来的预测。"

三种工作前景

虽然总有人说我思想超前，但我其实更强调"立足眼下"。我更喜欢解构我们今天所见的趋势，来帮助人们预见明天的情景。那么，哪些红线串联着我们不久的将来？我们又该如何应对？以下是三种可能的情景：

情景1：机器人变多，失业率升高（得分：机器人10分，人类0分）

在预言机器会替代人类大部分工作的人里，奥斯卡·王尔德（Oscar Wilde）不是第一个，但却是写得最妙的人之一。1891年，在《社会主义下人的灵魂》（*The Soul of Man Under Socialism*）中，他写道：

"一切单调乏味的劳动……都必须由机器代劳……就像树木生长时，乡绅老爷们大可合眼一样，人类也要自娱自乐，须知人生之目的，不是终日胼手胝足，而是偷闲于浮生中，用于创造美物，用于欣赏美文，抑或只是且喜且敬地仰观宇宙。"

不过，和凯恩斯一样，王尔德并没有提到机器人干活时，人类要付出哪些代价。

2014年，我曾与作家马丁·福特（Martin Ford）在硅谷共进午餐。他将自己的新作《机器人崛起》（*Rise of the Robots*）的预发本送给我，并描绘了自己对技术性失业的看法。在这本副书名为《技术和未来失业的威胁》（*Technology and the Threat of a Jobless Future*）的书中，马丁梳理了大量数据，这些数据说明了技术正在以何种速度改变着工作环境。从那时起，人们提到马丁·福特的作品，就联想到对"就业末日"的预测。

马丁·福特收获了不少拥护。同年，《商业内幕》（*Business*

Insider）引用了微软公司联合创始人之一比尔·盖茨（Bill Gates）在美国企业研究所（American Enterprise Institute）的一段演讲：

"随着时间的推移，技术将使工作缺口收紧，尤其是对技术水平较低的工作而言。20年后，很多技能对应的就业岗位将大大减少。我觉得人们尚未对此做思想准备。"

2016年年末，英国物理学家史蒂芬·霍金（Stephen Hawking）在《卫报》（The Guardian）发表专栏文章《这是我们星球最危险的时刻》（This is the most dangerous time for our planet），他坚称，人工智能软件对人类工作构成了生死攸关的潜在威胁。2017年，高德纳咨询公司（Gartner）的一项研究预测，2017年人们胜任一般工作所需的技能中，到2021年约有30%将被淘汰。

担忧情绪就此蔓延。2016年2月，《金融时报》（The Financial Times）援引赖斯大学教授摩西·瓦迪（Moshe Vardi）的话称：

"我们正迎来机器全面超越人类的时代。社会需要在我们在问题迫在眉睫之前正视它：如果机器能够代替人类，完成几乎任何工作，那么人类该做什么？"

2019年，彭博社（Bloomberg）援引特斯拉公司首席执行官埃隆·马斯克（Elon Musk）的话称，人工智能会让一些工作失去价值。

但是，让现代人忧心"就业末日"的大部分数据来自2013年的一份报告《就业的未来》（*The Future of Employment*），该报告由英国牛津大学马丁学院技术和就业项目（Oxford Martin Programme on Technology and Employment）的卡尔·贝内迪克特·弗雷（Carl Benedikt Frey）和迈克尔·奥斯本（Michael Osborne）撰写。该团队统计了利用现有技术可实现"可自动化"的任务，将其加总，并估计到2050年，技术可能减少多达4700万个工作岗位。

显然，情景1属于"紧张型"情景。因为技术减少了人类可从事的工作，所以就业的蛋糕缩小了。

情景2：机器人为辅，就业率升高（得分：机器人1分，人类10分）

第二种未来情景正好相反，你可以称之为"宽裕型"情景。在这个情景里，技术的革新创造了许多工作，甚至多到人类根本做不完。或者，即便有很多工作流失，我们也不在乎，因为那时我们将拥有开放包容的经济。

《纽约时报》（*New York Times*）前记者、《人工智能简史》（*Machines of Loving Grace*）作者约翰·马尔科夫（John

Markoff）写道，他并不担心机器人取代人类的工作，因为劳动力正在快速老龄化，我们实际上需要机器人来完成许多人类不再胜任的任务。正如奥斯卡·王尔德在《社会主义下人的灵魂》中所写的，"虽然目前，机器与人竞争。假以时日，机器将为人服务"。

2014年，风险投资人马克·安德烈森（Marc Andreessen）在博客文章中说："我不认为机器人会吞掉所有工作，我现在这么说可能正合时宜……"我曾采访过他，当时他是新锐互联网公司网景（Netscape）的联合创始人之一。他坚信，随着生产工具的普及，制造东西会比购买东西更便宜。标准生活方式的总成本会急剧下降，尽管我们大家赚的钱变少了，但生活的成本却更低。

正如安德烈森所说，假设：

机器人取代人类完成某行业的工作。接下来，某行业的产品变得更便宜，某行业的消费者生活水平也必然提高。基于这种逻辑，反对机器人接管工作相当于支持消费者为虚高的价格买单。事实上，如果机器人或机械没有接管农业和工业中的许多工作，我们不可能有今天这么高的生活水平。

2018年，招聘网站ZipRecruiter在一份报告中指出，机器学习软件创造的就业岗位是其取代掉的三倍。2019年年初，科技研究公司Gigaom的首席执行官兼发行人拜伦·里斯（Byron Reese）在奇点社区（Singularity Hub）发表了一篇题为《为什么说人工智能创造的就业岗位将是其消灭的百万倍》（*AI will create millions more jobs than it will destroy. Here's how.*）的文章，他认为，创新者将开始研发新技术，以增强人类技能，进而解决一系列新问题。

当然，没有人能保证未来人类从事的都是高薪职业。美国劳工部预测了2019—2029年增长率排名前12位的"未来就业岗位"，这份预测就像一面镜子，照出了反乌托邦式的未来。高薪职业包括软件开发和测试人员、运营经理和医疗保健服务经理，这些工作的年薪中位数都超过了10万美元。

但绝大多数工作薪资都处于较低水平，比如家庭医护人员、快餐店员工、餐厅厨师、医疗助理、仓库工人和园林工人，他们的年薪都不超过3万美元（约合时薪15美元）。甚至一些高薪工作也被"零工化"，变成了跟项目走或按小时算的临时工作，使劳动者更容易受到降薪的影响。

情景3：工作多，失业者多，人岗错配的现象也多（得分：机器人10分，部分人10分，大部分人0分或0.1分）

在这个未来场景中，"宽裕"与"紧张"并重。这是怎么回事呢？

1988年，30岁的肖莎娜·祖博夫（Shoshana Zuboff）出版

了《智能机器时代》（*In the Age of the Smart Machine*），她在书中指出了如下可能性（见图0.2）：

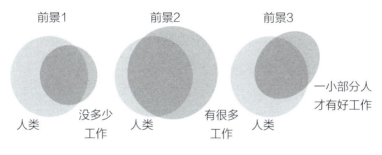

图0.2 三种工作前景

来源：Charrette LLC。

颠覆性技术对人的影响可谓冰火两重天。那些能在工作中快速适应变化的人将如虎添翼。而那些跟不上变化的人就会掉队。过去二十多年间，出版业有20万个工作岗位消失，虽然与此同时，新媒体创造了更多的工作岗位，但你必须跟得上岗位需求才行。

在前景3中，许多雇主仍会抱怨他们的雇员里，掌握编程等技能的人不够多。把这种"人岗错配"放大百万倍，小到员工和雇主，大到社会和经济，都将面临一个大问题。高管招聘公司光辉国际（Korn Ferry）估计，全球大量员工技能欠佳可能意味着，到2030年，工作岗位将减少8500万个，经济活动将缩水85000亿美元。

世界各地已经有很多足以证明前景3的例子。工厂关闭、公司搬迁已在农村地区形成"人岗错配"的问题。如果失业民工直接跟着工作搬走，他们可能还有活干。但城市生活成本高昂，如果需要接受大量再培训才能获得工作，那么民工则不太可能搬家或重返学校培训技能。

那么，这种"人岗错配"一开始是如何出现的呢？

工作不是机器人和软件抢走的，而是人类自己丢掉的

现在，科技发展加剧"人岗错配"的问题频登新闻头条，未来几十年，我们免不了继续看到这样的新闻，因为在很多情况下，这个问题不是系统的"漏洞"，而是特点。许多工作模式都建立在老一套的工作规则之上，那时候数字科技还鲜有人知，教育资源和就业机会也不像今天这样紧张。但到了21世纪，这些工作模式显然跟不上我们正在经历的颠覆性变革。

所以，谈到自动化对工作的潜在影响，想提炼出一番高见，就往下看吧。当研究者试图构思以下未来场景时，他们实际上是在试图厘清四个问题：

● **任务会被自动化，还是仅仅"可自动化"？** 就算一项工作或领域中40%的任务可能被自动化，也不代表整份工作都会被自动化，更无法预测这些工作何时会使用现有技术实现自动化。

● 自动化究竟会造成失业还是技能不匹配。这可是两个截然不同的结果。雇主或许觉得员工无须掌握过时技能，反而需要更多的前沿技能，就草草宣称自己凑不齐技能娴熟的员工。然而，就算雇主认为现有的技能跟不上需求，并不意味着他们需要让员工下岗，因为技能是可以重新培训的。

● 如果是技能不匹配，那么自动化对工作的净影响是什么？什么时候会显现出来？在很大程度上，工作机会难觅才会在未来导致无岗可上，而这或许只是因为我们没有做好预测和规划。相关机构预测，未来各国都将出现岗位减少的情况。这些预测在轻微至严重经济衰退的范围内，但不会在短期内造成无岗可上的局面，而且远不及新冠疫情对大部分国家和地区就业情况的实际影响。

● 减少的是任务还是工作？即便某一行业40%的任务一定会被自动化取代，这也不能说明40%的工作将不复存在。

最后一个问题至关重要，因为工作不是机器人和软件抢走的，而是人类自己丢掉的。科技只能实现任务的自动化。人类才能决定是否抹去一个岗位。然而，我们可以做出不同的决定。

在《没有工作的世界》（*A World Without Work*）中，经济学家丹尼尔·苏斯金德（David Susskind）指出：的确，许多工作将实现自动化，而我们只需设法照顾那些受波及的人，比如推行全民基本收入，或者根据实际需求进行更多调整。又或许有工作的人可以少做点工作，这样剩下的一点工作就可以由更多的人来做。

在本书的结论中，我们将从社会和经济层面探讨其中的一些战略。但现在，我要强调的是，自动化造成的失业并不是"漏洞"。员工失业并不是因为我们忽视了一些显而易见的事情。相反，某些经济和社会尚未转向多元化工作模式，而失业正是其自带的结构特点。无论你多么推崇奥地利经济学家约瑟夫·熊彼特（Joseph Schumpeter）的创造性破坏理论，也无论一份工作遭到多么富有创造性的破坏，只要员工无法立即找到其他报酬相当的工作，那么世上就又少一份工作。

为了明白这一点，不妨来做一个心态实验。我手中魔杖一挥，你就突然成了一家大公司的首席执行官。（如果你本来就是名首席执行官，那我就多此一举了）股东向你施压，要求削减庞杂、靡费的员工成本，你购进了一批技术，让你的公司能把所有人工任务的两成转为自动化。你会做出怎样的合理选择？

● 你可以裁掉两成的员工。美国有些企业就这么做，而且屡试不爽。

● 你可以暂时给每个员工降薪两成，直到公司恢复盈利。这种做法在德国和北欧国家很常见。甚至在一些国家，这项措施还是法律强制规定的。

● 你可以让每个员工每周花一天的时间构思新产品和新功能，来给客户创造新消费，你的公司也能扩大组合创新。谷歌开创性地将其称为"20%自由时间"制度，谷歌公司的员工能设计出Gmail等产品，也离不开这一制度。

● 你可以与其他组织合作，开发软件和平台以帮助员工在不同公司间流动。卢森堡正是这样做的，该国携手普华永道咨询公司和澳大利亚软件公司Faethm，建立了自由职业者平台SkillBridge。

● 你可以一开始就把组织打造成合作社，日常运作交由集体决策，以决定要采取哪些多元化策略来避免裁员。

● 又或者，你可以让自己管理的组织遵循新一代的工作规则，这样的公司能提前预料重大市场变化，通过不断培训让员工拾起新技能、解决新问题，并使其避免"人岗错配"的问题。

以上哪种做法最为可取，不同的社会有不同的抉择。但最重要的启示是，这些做法都是公司、团体和国家在面临颠覆性变革时可以做出的决定。

"人岗错配"也经常发生在各个行业。根据美国劳工部的统计，约有5%的美国工人从事建筑业。新冠疫情前，美国该行业"人岗错配"已相当严重，有22.3万～33.2万个职位空缺。85%的建筑公司表示，他们最头疼的问题是用工难和成本高。由于技术工人需要过硬技能，以及大多数建筑工作都在现场进行，工人往往需要跟着项目搬迁，这恰好是现在许多美国人不愿意做的。

根本性的挑战是由变革的速度和规模推动的——机遇也是如此

当我们试图阻挡这三种工作前景的到来时，我们总是抓着科技带来的"就业末日"的预言不放，这正是新闻头条博人眼球，妨碍我们正确理解当下就业市场机制的结果。正如普利策奖得主、作家兼评论员托马斯·弗里德曼（Thomas Friedman）在给我的信中所写："到2050年，有多少旧工作将消失，又有多少新工作将诞生，谁能说好呢？"

2017年年末，麦肯锡全球研究院（McKinsey Global Institute）的苏珊·伦德（Susan Lund）和詹姆斯·曼伊卡（James Manyika）发表了一项研究，准确地指出了在21世纪导致"人岗错配"的元凶：技术引领下变革的速度和规模。现行工资、经济增长或衰退、人口结构的变化以及当地行业的类型，种种因素相互叠加，某个地区的工人可能并不会失业。但在另一个地区，下岗工人可能没有什么好的选择，只能成为长期失业者，或者"大材小用"领着微薄的薪水。

所以，不要再担心几十年后还剩下多少工作岗位。上文中的三种工作前景不是预测；它们是情景，是假设，甚至是概率。

但究竟哪种工作前景会发生，取决于我们今天做出的决定。

现在我认为前景3是最有可能的。但我们需要共同努力，来实现前景2。

老实说，在这条路上，我远不算完美的"向导"。我承认我对变化"上瘾"，我感兴趣的主题似乎永远在变化。人类让我着迷，世界让我着迷。我喜欢左右开弓，同时应对多个项目，我这种癖好也许不过是给心猿意马换了种好听的说法。

但不可否认的是，变革的速度和规模影响了难以计数的人。海啸似的变革不仅会冲走老技术和旧岗位，人类的传统和价值观也会受到深刻影响。

我并不想煽动你和我一起掀翻整个传统的工作世界。我想说的是，这场变革的重头戏已然降临，现在我们需要在四件事上齐心协力：

（1）我们需要帮助所有人在一个瞬息万变的世界中立足。这一切必须从工作开始，因为我们大多数人都需要工作，而且这种状态可能还会持续很久。

（2）我们需要革除传统工作中对许多人不利的东西，比如，压抑人性还不靠谱的工作、刻薄的老板，以及不断缩水的工资。

（3）我们需要保留传统工作中真正有益于人类的东西，比如，确保稳定收入、为生活创造意义、实现自我价值，以及为未来创造财富。

（4）我们需要理解并改变工作生态，这种生态在许多国家，实际上加剧了许多对人类、社会和地球环境不利的事情。我们需要共同改造这些金融和社会体系，才能在一个波云诡谲的世界中惠及更多的人。

这究竟有多难呢？

我不敢断言，变革的速度和规模永远不会放缓。很难想象世界的变化速度比新冠疫情期间更快。但我觉得，我们将发现，新冠疫情其实为即将到来的经济和社会变革敲响了警钟。

我相信，在未来，我们将回顾这一时期，我们将惊觉，此时、此刻、此地，工作世界经历了一次翻天覆地的变革。当你在读这本书时，一套在变中求胜的规则正在成形。

RULES

第一部分

工作规则

进化型组织
应对数字化变革的心态、技能和工具

第**1**章

老一套的工作规则

我们一直在工作。只是直到最近，我们才意识到。工作总是有规则的，而且这些规则随时间的推移而改变。但我们今天仍然遵循的规则，有许多已经伴随我们几个世纪了。我们对工作、技能、岗位、职业、团队、经理、组织和工作场所有着传统的定义，它们依然在很大程度上指导着工作。

技术塑造人类工作的一系列模式总是令人倍感熟悉。通过了解过去的工作规则，我们可以做好准备，共创一个更光明的未来。

一头扎进"时光机"

突然间，你乘"时光机"到了公元前340年左右的古希腊，置身于一座大理石砌成的图书馆，其名为吕克昂学园。坐在你面前的是亚里士多德，这位哲学家会因思考与机器人相关的问题而偶感忧思。

看到你怪异的穿着，他显然对你很好奇。于是他让你介绍自己。

你先说自己做什么工作。（先别在意他其实并不熟悉现代工作的概念，也别纠结你压根不会说古希腊语，你只要开口就行了。）

你介绍了自己的岗位，这对他来说又是一个陌生的概念。你接着谈了自己的组织，这又是一个陌生的词，对他这个时代的人来说毫无意义。

但他也有问题要问你：

● "你说的'工作'是什么意思？听起来像是让你用技能解决问题。是这样吗？"

● "你和谁一起工作？给我讲讲他们，他们都是些什么人？"

● "你在哪里工作？帮我解释一下'工作场所'。它在哪个地方呢？"

● "你什么时候工作？一整天都要工作吗？每天都这样吗？在这个世界上，你做过哪些不同的工作？"

● "你是如何工作的？要用到哪些工具呢？"

● "也许我最该问的是，你为什么要工作？是什么促使你做这件称之为工作的事情？"

等你回答完所有问题，他依然很好奇：

- "还有你提到的这个'组织'。告诉我它的内容、对象、地点、时间、方式和原因。"

你继续讲了几个小时，帮助他理解企业在我们这个时代的意义和作用。

亚里士多德向你发出"六连问"有一个非常重要的原因。这些问题是他用来判断一种行为是否符合道德的依据。

我们如何掌握老一套的工作规则

想想你的第一份工作。还记得你毕业后的第一份全职工作吗？

那时候你为什么工作？答案可能很简单。你需要钱。

对许多人来说，第一份工作有点儿吓人。你需要做一些不熟悉的事情。你可能猜到自己要遵守一些规则，但没有任何指导手册可供参考。

那你是如何掌握这些规则的？

也许父母教了一些东西帮你做好准备，也许有一位导师向你介绍了基本常识，即不要迟到，要努力工作、听指挥、善始善终。

但关于工作，也有许多其他不成文的规则。比如，工作经常发生在办公室、餐厅或工地中。工作场所的开放时间可能是朝九晚五，也可能更长。人们每周工作五天。许多人为了赶上进度或防止落后，即便周末也在家办公。每个岗位都有一个具体的职责描述，告诉你平时该执行哪些任务。大多数员工都有上司，而上司上面还有上司。你每隔几周就会拿到一份薪水。

但为什么呢？为什么你的工作会有这些规则？很可能没人为你解释过。

有些工作规则是明确的，而另一些则可能是晦涩模糊的。有些规则是有意义的，而许多规则似乎毫无意义。事实上，你所遵循的许多规则都像是陈年糟粕。对年轻员工来说，有些规则听起来像是老员工刻意制订出来，目的就是刁难新人，好让他们"交学费"，差不多就是这个意思。（其潜台词通常是"冤冤相报"）

但最终，你掌握了规则。然后，当另一个新员工加入时，你做了自己导师做过的事情，帮助新员工理解有关工作角色和企业文化的规则。

现在，也许"规则"这个词听起来有点太过死板了。也许比起"规则"，你更喜欢用"指南"或"惯例"。规则的严格程度在军事部门与在创意机构截然不同。然而，无论你觉得自己有多么善于挑战常规，推陈出新，我们在工作中的行为都是由一系列规则所塑造的。

　　在每一个时代，都有规则来定义我们工作的内容、时间、地点、原因、方式和对象。这些规则经历过一系列的演变。请把这些不断变化的规则看成昨天的旧规则，它们不断遭到淘汰，由今天兴起的新规则所取而代之。

　　但是接下来会发生什么呢？在现代世界里，明天正以惊人的速度奔向我们，我们怎么才能做好准备呢？人工智能软件、自适应机器人和自动驾驶汽车就在我们身边。新冠疫情暴发已经改变了很多人的工作方式。我们如何预测在未来几年工作会发生怎样的变化，并跑在变化曲线的前面（见图1.1）？

图1.1　规则变化的浪潮

来源：Charrette LLC。

　　在一个急剧变化的世界里，工作规则日新月异，不幸的是，仅仅专注于学习当今的新规则是不够的。21世纪初的例子清楚地表明，变革可能在一夜之间发生。我们需要在今天做好准备，迎接明天即将到来的新工作方式。

以下便是将来的规则。这就是我们从昨天汲取的教训，这样今天就能做出更好的决定，以便更快、更有效地为明天做准备。

纵观历史上诸多不断演变的工作规则，关于工作，有三件事始终是正确的：

● 我们对待工作的方式，总是由某种心态主导。而你的心态是由你对工作世界的思考模式、你的动机、激励你的念头以及挫败你的因素决定的。心态是认知的产物，是大脑的奇妙机制。

● 完成日常工作需要一套技能集合。你和芸芸众生一样都有独特的能力、特长、经验、兴趣和动机。所有这些加起来就是一套技能，但愿你会遇到肯为这套技能买单的伯乐，为你提供一份工作或者其他的什么岗位。

● 支持工作开展需要一套工具集。有些时候，人们为了辅助工作而创造工具。有些时候，工具的迭代会创造全新的工作。还有些时候，工具可以完全取代人力劳动。这些工具的一部分是技巧和实践，另一部分则是技术和服务。

通过学习本书中的心态集、技能集和工具集，员工和企业领导者都将做好更充分的准备，在一个跌宕起伏、瞬息万变的世界中逢凶化吉。如果说我们在最近几十年里学到了什么，那就是颠覆和变化才是不变的，如同死亡和纳税一样。

然而，尽管许多技术已从科幻小说中走进现实，我们借此自诩21世纪的"问题解决者"，但追溯我们今天遵循的工作规则，有许多都可以绕过20世纪，在遥远的过去，在工作的历史实践中找到根源。

如果说我们在最近几十年里学到了什么，那就是颠覆和变化才是不变的，如同死亡和纳税一样。

你可能自认为是一个纯粹的现代员工，过去的规则都不适用于你在新世纪的工作。但是，我们今天的行为中，其中有相当惊人的一部分，依然由过去的工作规则中许多无形的框架所引导和塑造。在现在和未来，如果我们想摆脱那些拉低工作效率的旧规则，首先需要了解它们的来源，以及它们为什么在今天仍然有影响力，这样我们就可以在未来摆脱它们。

工作与技术的初识

从火和车轮，到镰刀和犁，再到电脑和手机，技术创造的工具一直在重塑工作。但实际上，可以执行拟人任务的技术，以及独立完成大规模此类工作的技术，在人类历史长河中还是相对新鲜的发明。

14世纪中叶，古腾堡的印刷机迅速改变了手工印刷行业，到16世纪初，欧洲内外的几十个城市有数百台印刷机，规模化的生产技术慢慢开始改变其他行业的工作。1589年，居住在英国卡尔弗顿的发明爱好者威廉·李（William Lee）利用机械知识，发明了一种设备，其织袜速度比手工快得多。这种设备后来被称为框架编织机，一个架子上有几根长针，可以同时缝制几行线。

该设备需要英国女王伊丽莎白一世（Queen Elizabeth I）的资助才能得以推广，但女王却不肯点头。"我爱我穷苦的子民，可他们靠织布谋生，"她说，"如果我花钱推广一项发明，而这项发明会剥夺他们的工作，使其沦为乞丐，那我无异于在戕害他们。"

你能想象现代风险投资人说出这番话的样子吗？

李的编织技术在17世纪得到普及，但到18世纪初，编织机变得十分昂贵，只有富人才能买得起，他们通常以低廉的薪水雇用编织工来织布。一些自称勒德派（Luddites）❶的编织工奋起反抗，在全国各地焚烧编织机。然而，尽管我们今天用勒德派这个词来指代技术怀疑论者，但他们真正反对的并不是技术。他们反对的是技术持有者的盘剥，这导致使用技术的人赚

---

❶ 勒德派是19世纪由英国纺织工人组成的一个激进组织，他们破坏纺织机械，以抗议技术进步。——编者注

得远比拥有技术的人少。

如果你立刻联想到现代人因担忧机器人会取代人类，而呼吁对机器人生产厂商征税，恭喜你，这么想的不止你一个。

同样是在18世纪初的英国，一位名叫杰思罗·塔尔（Jethro Tull）的农家子弟因为身体欠佳，只好从大学退学，回到了老家的农场，他发现农民在田间播种的过程十分低效。塔尔设计并制成了一台播种机，这是第一台零部件可移动的机械农具，能将种子精确地压进合适的深度。又过了没有多久，只需一人一马就可以用播种机给整片田播种了。

塔尔的发明在一定程度上促进了第二次农业革命，极大地提高了英国乃至世界各地的粮食种植能力。这场革命也让我们得以了解科技工具的进步如何影响工作的权力机制。英国后来通过了"圈地法案"（*Enclosure Acts*），允许富人购买农场之间的公地，催生了一个大企业时代，也打击了无数小农户。当时尚无反垄断法可以遏制这一势头。

失去了在农场干活的机会，这些无家可归的农民背井离乡，前往伦敦和都柏林等城市，成为流动民工，随时准备作为新生劳动力填补工厂空缺。那时的机器还离不开人类的双手，因此虽有大量劳工失业，但并未引发生产方式革命。某种能改变人类工作的新技术亟待出现。

技术的崛起

第二次农业革命带来更多的粮食，更多的食物养活了更多的人口。更多的人口说明更多的顾客要购买工厂的产品，更多的产品导致对铁、铜、煤等原材料的需求急剧增加，更多的需求诱使人们更深更广地挖掘更多的原材料，但更深的矿井导致大量地下水倒灌。因此，在18世纪初，英国钢铁工人托马斯·纽科门（Thomas Newcomen）发明了一种蒸汽动力汽缸泵。

后来，纽科门的汽缸泵演变成蒸汽机，突然间，机器不再受限于人、马或溪流的力量。至此，第一次工业革命万事俱备。有了蒸汽机，人类工作又多了一种心态。

直到18世纪，大多数产品依然由手工制成。木工要从头到尾制作一个橱柜。鞋匠要裁剪并组装鞋子的所有部件。学徒们可能要完成很多枯燥的任务，比如将木头或皮革处理好备用。但一旦掌握了一门手艺，匠人就学会并经历了全过程的每一步。

随着第一次工业革命开始席卷西方世界，生产逐渐脱离人工，转向工厂中的大型机器。18世纪的经济学泰斗亚当·斯密（Adam Smith）是最早指出"一人全包"模式其实相当低效的人之一。如果让工人专门负责一两个生产步骤，早期工厂可以大幅提高产量。这种方法需要工人建立一种全新的心态。接受你不是独立制造整个产品的工匠。因为你只参与生产过程的一部分，或者说你只负责开动机器。

这种枯燥的重复让工作变得无趣。而那些早期工厂也不知人性化管理为何物。监工经常把工厂当成自己的封地，专横地吆五喝六。工人们的工作条件通常很恶劣，每周工作80~100小时并不稀奇。这种工作就是受罪，工作中没人在意满足感，甚至没人寻求任何满足感。人们工作起初是为了吃上饭，而吃饭要用掉他们工资的一半。相比之下，只要拿出差不多十分之一的收入，就能有片瓦遮头，算是相当便宜了。（对现在的城市劳动者来说，两项开支的比例通常是反过来的）然而，许多城市工人仍比在农场时挣得多，并且到了19世纪上半叶，大多数工人的工资最终翻了一番。

在全球创新短暂停滞之后，第二次工业革命于19世纪中期到来。其中，机器和生产实践的标准化添了最后一把柴。到19世纪末，人类工作已经完成了从农场到工厂的迁移。

已历百年的工作规则

从20世纪初开始，因为有许多人在工厂工作，一些工程师和经济学家就开始提出各种科学和机械原理，让管理者和工人各司其职。先是美国机械工程师弗雷德里克·温斯洛·泰勒（Frederick Winslow Taylor），他被誉为工业工程之父，工业工程指对组织进行科学管理。像亚当·斯密一样，泰勒主张分工，让人们重复同样的任务。但泰勒认为，工厂领导有责任告诉工人做什么以及如何做，确保以统一的水平完成任务，从而提高产出的质量。

1909年，泰勒发表了《科学管理原理》（*Principles of Scientific Management*），标志着现代管理理论的诞生。在当今企业的资源规划软件中，机器学习算法被用于实现人力工作的自动化。如果深究这类算法，你会发现其中很多想法都深受泰勒思想的浸润，他宣扬的是以数据驱动的科学工作心态。

随后数十年间，其他理论家提出了自己的管理原理。其中最具影响力的是法国矿业经理亨利·法约尔（Henri Fayol），他在1916年提出了自己的人事管理原则，其中包括：

● **实行分工**，将工作分解成多个任务，依据每个人不同的技能来指派。

● **明确权力与责任**，让上级沿着"等级链"（层级）管理下级。

● **服从纪律**（其实法约尔想说的是"听从指挥"）。

● **避免令出多门**，员工只需向一名上级负责。

● **遵守秩序**，事事有纪可依，人人有章可循，涵盖机器、材料和人事的安排。

● **个人利益服从集体利益**，一切以集体利益为重。

听完这些已有百年之久的做法，如果你觉得其中许多与现代组织管理的经典原则雷同，那就对了。法约尔为当今"优化人类工作"的主张开辟了道路。但法约尔为使工作更人性化而提出的制衡原则却常常为人遗忘。这些制衡原则包括：

- *薪资平等，同工同酬。*——你的公司是否做到了薪资的性别平等？一线员工和高管工资的收入比例是怎样的？
- *对员工一视同仁，提倡公正与友善。*——你的人力资源部门是否促进了员工友善相处？
- *激发员工的主动性，鼓励员工解决问题，决策者应"博采众议"，允许有不同意见。*——你的上司是否经常搞"一言堂"？
- *注重团队精神，鼓励在公司中打造小群体。*——你对组织的归属感如何？

在法约尔之后，其他著名管理理论像浪潮似的席卷了早期的现代企业，尤其是20世纪50年代的第三次工业革命，这场革命为企业带来了一系列新技术，催生了以办公室为基础的企业制度。

在这些新工具出现的同时，国际律师兼经济学家彼得·德鲁克（Peter Drucker）写出了划时代的《公司的概念》（*Concept of the Corporation*），不仅为现代企业员工及管理者的心态和所需技能奠定了基础，也为我们沿用至今的许多工作和管理的定义奠定了基础。

那么，何谓工作

正如詹姆斯·苏兹曼（James Suzman）在其力作《工作：从石器时代到机器人时代的深刻历史》（*Work: A deep history, from the stone age to the age of robots*）中所说，"我们的工作……定义了我们是谁；引导了我们未来的前景；决定了我们大部分时间花在何地何人上；调节了我们的自我价值感；塑造了我们的许多价值观；铺就了我们的政治忠诚"。

我们经常不假思索地说出"工作"这个词。但物质层面上，人类的工作只关乎三件事：

1. 工作就是解决问题。不管问题是擦地板，还是制定复杂策略以打入市场，抑或是应对棘手的社会挑战。

2. 我们如何解决问题？完成任务就行。如果地板脏了，我们就打开壁橱，拿出扫帚，开始打扫，依此类推。

3. 我们如何完成任务？这就要用到人类的技能。

使用技能＞完成任务＞解决问题

就是这样。我们使用技能来完成任务，最终解决问题。这就是别人付钱给我们的原因，也是我们付钱给别人的原因：为了解决问题。（当然，在任何组织中，都有一两个人觉得自己的工作是制造问题。你也清楚这类人在你公司里的什么位置。

但在大多数情况下，我们是解决问题的人）而完成任务通常需要用到工具，小到朴实无华的铅笔，大到功能强大的电脑。

每个组织都有一堆问题。组织最想解决的问题都和客户有关，例如：

● 快餐公司会遇到问题，比如顾客想要快速取餐。此时，在柜台后面，一名身穿鲜艳制服的员工想要完成一些任务，比如接单和找零，就要用到倾听、按键、算数等技能。这些问题大多是重复性的，除非个别客户偶尔会提一些不寻常的问题。

● 咨询公司也会遇到问题，比如客户需要设计精妙的市场策略。此时，西装革履的团队成员想要完成一些任务，比如协助客户完成设计，就要用到谈话、分析、归纳和写作等技能。

● 帮助流浪汉的非营利组织和非政府组织也会遇到问题，比如为流浪汉提供临时住房。此时，志愿者和员工想要完成一些任务，比如接打电话、实地考察、上门回访等，就要用到研究、沟通和换位思考等技能。

在许多企业中，任务被分解为流程，这些流程由一系列步骤组成，可以用同样的方式重复执行。结果，身为员工的我们经常被流程套住，忽略了我们一开始想要解决的问题。

要是一名（通常是年轻的）员工提出新方法来改进这些流程，会议结束后，他很有可能被拉到一旁挨训，"事情不能这么办"。这种当头棒喝的出现，表明有人触犯了企业中不成文的老规则。

在许多组织中，要提高效率、增加产出，则需要持续优化任务和流程，这样做的压力可不小。因此，今天的大量工作仍然以任务和流程为中心。

何谓技能

如果工作是指人类使用技能完成任务从而解决问题，那么什么是技能？在许多语言中，很少有词像"技能"这样有繁多的定义，但却依然总是被误解。

好消息是，早自第二次世界大战起，就有一些非常宝贵的研究，有助于我们摸清人类的各种技能。坏消息是，我们不仅没能告诉员工他们具备哪些技能，我们大多数人甚至一开始都不清楚自己的技能。

技能现代史

20世纪40年代末，随着美国经济摆脱战争阴霾，转为更受消费驱动的模式，美国劳工部遇到了一个难题，那就是挑出应需的工作和岗位。

西德尼·费恩（Sidney Fine）是美国乔治华盛顿大学工业和咨询心理学的博士。当时，工业心理学领域成了研究就业的大舞台，正如其名字所示，该学科依托于工业时代的视角。研究人员制定严格的工作分类层级，用限制职业流动性的职位概念将员工牢牢束缚住。当时的企业、政府机构和军事组织使用这些层级来划分工作职责和薪酬，人类仿佛和工厂产出的产品一样易于分类。

费恩博士另有想法。在将近十年的时间里，他另辟蹊径地重新审视工作和岗位模式，并据此指导研究。他没有继续根据任务的不同将人员分类，而是专注于理解人们使用的各种技能。想象一下，在当今社会的先进技术尚未出现时，他就要筛选成千上万份工作描述，寻找其中的共通之处。

我第一次见到费恩时才十几岁。当时，我父亲在做一项研究，研究成果便是后来的《你的降落伞是什么颜色？》。他先是采访费恩，后来又邀请他到堪萨斯州奥弗兰德公园参加为期两周的研讨会。费恩是个好人，既热情又富有爱心，他认为自己的工作有助于促进美国数百万人的事业。

第二次世界大战后，美国劳工部分析了涉及人类工作活动的数据，并发现了一些模式。最重要的一点是，他们发现人类有三种截然不同的技能：知识技能、应变技能和自我技能。（这些是我的叫法；美国劳工部对上述每个类别另有几套称呼）

● 知识技能（也称特殊知识、根本技能或工作内容技能）

是当时普遍认可的技能。因为知识是专属某个行业或领域的大量信息，所以知识技能通常可以受试（也就是我们常说的"评估"），从而依据理解或熟练程度获得评级。如果不加拓展，知识技能很难在不同工作间转移。例如，熟练掌握编程知识的人，不一定更懂煎蛋饼；反之亦然。

● 应变技能（可转移、功能性或可复用的技能）是指在多种情况下都可用的能力，这类技能并不局限于特定行业或领域。你在拆卸吸尘器时会掌握一些精细的动手技能，加以灵活使用、触类旁通，就能帮你处理烹调用的食材。重要的应变技能包括批判性心态、创造性解决问题的能力、基本沟通技能和协作能力。使用应变技能需要有对象。费恩与其团队将这些对象分为三类：人类、事物和数据（或信息）。所以，如果你擅长分析，可以讲得更具体一点：你可以分析人、机械或电子表格中的信息。在上述各种情况下，分析都可以结合具体知识技能，比如人类心理学、机械工程学或信息数据科学。

● 自我技能（自我管理技能，通常被称为品质）是专注于自身的技能。守时守信、善始善终和管好脾气都是我们日常生活中体现的品质，我们可以以此来完成任务和解决问题。我们每个人起初都有一套基本的自我技能，有些是与生俱来的，有些是后天培养的。它们为我们垒好了完成工作和解决问题的基石，这既是基础技能，也是我们一生中不断磨炼的技能。

如你所想，现在很多人常把知识技能称为"硬技能"，把应变技能和自我技能组合在一起，称之为"软技能"。但应变技能和自我技能可不是"软柿子"。这些技能让我们能够在各种情况下解决问题。这些技能使我们能够掌控与他人的交往，并管理我们自己的时间和精力。它们可算是21世纪所有关键技能的基础（见图1.2）。

图1.2　三种技能

来源：Charrette LLC。

你从何处开始学习技能

我们称之为学校的地方，直接从工厂照搬了一套结构化的生产过程，以培养出工厂需要的工人，这便是工业时代的学习模式。正如伊泽尔·沃西基（Esther Wojcicki）在其代表作《教育领域的登月计划》（*Moonshots in Education*）中所说，老师是"舞台上的圣人"和"知道所有答案的人"。规模化的生产教学带来了规模化的生产学习。

按照老一套的规则，你需要在早期学习中投入大量资金。进入职场后，你就可以在职业生涯中以薪水分期偿还这笔投资。在成为电工、医生或律师之后，你想当然地认为，自己再也不用埋头苦学了。当然，你可能需要时不时地做一些职业拓展，但许多领域的变化速度并不是很快。另外，也许你压根不喜欢上学。既然如此，为什么还要重拾课本呢？这种思维使我们只管毕业，找份工作，不再回头。

因此，传统教育系统往往侧重于填鸭式地灌输知识技能，很少明确地教授应变和自我技能。有的学生可能会在大学里学习这些技能，而如果有幸遇到了专注于培养批判性思维和团队合作的老师，肯定会为今后的工作打下更好的基础。但传统高等教育在设计之初，也并未考虑要实现这一目的。

何谓岗位

看看老一套的工作规则中有多少符合你现在或过去的工作：

● 如果有一个岗位，你就是一名雇员，而企业就是你的雇主。

● 岗位有头衔。但头衔不太具有代表性。与你头衔完全相同的人可能有完全不同的职责。

● 岗位有薪水，也可能有福利。

● 一个岗位有一个工作场所，而工作场所对应现实中的某个位置。

● 一个岗位可能有固定的工作时间，你必须在特定的一天或一周内工作，也可能按某种顺序轮班工作。

● 一个岗位带有一系列的功能、职责和任务。但相应的规定有时并不明确，有时却非常具体和严格。

● 一个岗位可能有上级岗位，比如主管、经理等。

● 一个岗位也可能有平级同事，也可能有下属员工听从你的岗位。

不是所有的工作都具备这些特点。但我们将具有以上大部分特征的工作称为"岗位"。

何谓职业

在你出生的时候，没有人告诉你生命的历程有三个阶段。你应该从学习阶段开始。学习阶段完成后，你就会进入工作阶

段。然后，在工作了几十年之后，从某个时刻起你就不再需要
工作，可以只顾生活了（见图1.3）。

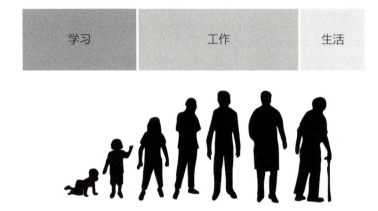

图1.3　老一套的职业规则

来源：Charrette LLC。

在老一套的工作规则中，第三阶段就是我所说的曾经叫
作退休的时期。在《百岁人生》（*The 100-Year Life*）中，林
达·格拉顿（Lynda Gratton）和安德鲁·斯科特（Andrew
Scott）称之为"三段式生活"（three-stage life）。我的父亲
称之为"人生的三只箱子"（The Three Boxes of Life），并在
1976年发表了同名著作。在西方向工业经济转型期间，这种生
活方式是一个巨大飞跃。许多政府通过资助学校，以确保基础
教育惠及每个人。但在许多国家，这导致在文化和经济中形成
一种三阶段模式，并推动建立如今遍布多国的规模化生产教育

体系。

出生后，你需要学习很多东西才能成为一个健全的成年人，于是你沉浸在学习的过程中。你最终会长到一定年龄，此时你可能会学习一门手艺或获得一个学位，这或许能让你掌握未来工作所需的技能。

在准备不足甚至毫无准备的情况下，你的生活就会进入工作阶段。在传统职业中，你很可能会很长一段时间都从事同样的工作。你可能成为律师、医生、机械师或流水线工人。此时，为工作阶段做好正确的教育准备显得非常有意义，因为更高的工资和更好的机会往往与更好的教育有关。

然后，当你基本告别工作后，你将进入"生活阶段"，即退休时期。到那时，你将可以休息了，可以旅行了，可以享受天伦之乐了，等等。

何谓团队

在职业生涯中，你通常会作为一个或多个团队的一部分指定任务而工作。

在老一套的工作规则中，团队指一群专精一系列相关任务的员工。团队成员可能负责制定计划、思考对策和做出决策等任务。人们往往认为，团队管理者能够识别和利用每个成员的优势，促成团队成员的高效合作、有效沟通以实现共同目标。

如果这些定义符合你以前共事过的团队，那么恭喜你，运气不错。然而，在许多企业中，虽然这些都是团队的理想状态，但很少有团队敢说把每件事情都做好了。相反，传统企业管理者通常会许以奖励，让团队成员完成一系列既定的任务，这些任务又可构成多个流程。再回顾泰勒的管理思想，由于许多管理者认为自己只负责告诉团队成员该做什么，这些员工可能没有多少试验和创新的自由。

何谓管理者

自泰勒提出科学管理理论以来，我不知道是否有人统计过百年间问世的所有管理学书籍。如果把这些书摞一块就算到不了月球，至少也有平流层那么高。

为什么这么多人想教别人如何管理？在科学管理理论大行其道的时代，尽管关于管理的书籍层出不穷，但传统组织依旧通过老一套的工作规则来教授和强化管理实践，并乐此不疲。为什么？

答案很简单：这是一个闭环系统。

斯蒂芬·丹宁（Stephen Denning）著有《领导者激进管理指南》（*The Leader's Guide to Radical Management*）等书，他批判了传统的管理方法，称这种方法只会不断地巩固陈规旧习。旧规则下的企业文化教人随大流。薪酬体系奖励循规蹈矩的员工。企业管理者从来不想改变自己的做法，于是上行下效，人人墨守成规。而本应推动变革的职场新人，在商学院读书时也只能学到同样的东西。其结果是，许多组织陷入了一个陷阱，即鼓励管理者因循守旧，期望管理者无所不知。

老一套的工作规则催生了"以监代管"。如果有经理一天没有看到员工，他怎么知道员工是否在工作？新冠疫情暴发之前，很少有企业给予员工足够信任，允许他们长期在家办公。这种缺乏信任的现象清楚地说明雇用关系被视为一桩买卖。哪怕一位管理者对个别员工足够信任，允许他们远程工作，这些员工通常也只能当"场外"员工，沦为与核心团队脱钩的成员。

何谓工作场所

随着管理者越来越多地以监代管，以办公室作为生产和工作环境的模式开始流行。因其本质是将群体工作空间紧密排列，一种名为格子间的工作格局应运而生。1968年，家具公司赫尔曼·米勒（Herman Miller）的研发总监罗伯特·普罗布斯特（Robert Probst）首创"动感办公室"（the Action Office），设想了一个充满灵活性、创造性的工作空间。渐渐地，为了利用办公设备的折旧来抵税，以及提高企业生产力，人们创建的"格子间农场"规模愈来愈大，将员工塞进一个个巨大的工人仓库。而高密度的城市工作环境也意味着人们要花更多的时间开车上班。据调查，2016年，美国人的年均通勤时间约为9个工作日。

你可能以为，科技公司雇的都是些"云端"员工，他们尽可在任何地方办公，彼此之间还能相互配合。在国际商业机器公司（IBM）和雅虎公司（Yahoo）等，居家办公曾风靡一时，但在2015年之后，这些公司取消了这类政策。实际上，在新冠疫情暴发之前，许多科技公司就走向了将员工集中管理的趋势。例如，2017年年初，苹果公司设立"太空船"总部，用一栋280万平方英尺大楼，其面积相当于华盛顿五角大楼的四分之三。

何谓组织

按照老一套的工作规则，传统组织的模式就是我所说的箱子。箱子外面很充裕，有很多人想找工作。箱子里面很紧张，只有一丁点儿工作机会。长久以来组织是如何弥合这种缺口的？答案就是建立层级制度。使员工有领导，领导也有领导。

箱子模型导致了一系列管理实践的僵化。其中常见的就是我所说的"两极心态"（Binary Set Thinking）。这种心态通常将员工分为两类：员工和非员工。（数学家称之为传统集合论或明确集合论。）在回答"此人是员工吗"这个问题时，答案要么为是，要么为否。

只要在箱子的体系里，你就是一名员工。老一套的规则将员工定位为人事或人力资源。但实际上，员工更常被视为人力资产。因为企业的核心利益相关者是股东，所以要评判组织的好坏，需看其能将人力资产生产率提升到多高。

当然，我解释得有些过于简单了。但是回想你待过的一些组织，我说的难道不对吗？许多组织不就是按照这套箱子体系运转的吗？

组织如何应对变革

长久以来，许多领导者都试图通过改革管理体系来推动整个组织的改革。

改革管理体系很简单（见图1.4）。领导组织的一群人——通常被称为"领导团队"的决策集团——在周末找个休闲之处。他们看看组织今天在做什么（图1.4中的A）制定一个五年计划（图1.4中的B），再剔除现在正在做的事情，然后管理体系改革计划就拟好了。

目前，尚不清楚这种方法是否曾经百试百灵。但是，在过去变革速度较慢、规模较小的时代，想要推动有价值的变革，先假设未来发展停滞不变，确实是更加可行的方法。

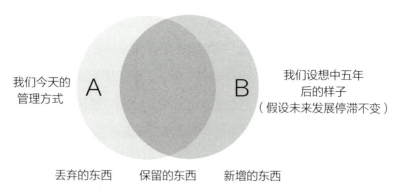

图1.4 改革管理体系的老办法

来源：Charrette LLC。

组织的使命是什么

大多数人不会质疑企业存在的理由。说到人们对组织的看法，有人可能会认为组织的存在是为了让人们有工作，为社会贡献生产力；还有人可能会认为营利组织的目的是取悦顾客。

但我们所知的企业——这个以盈利为目标的组织，其实是一项很新的发明。在欧洲和美国，早期组织通常仅为水道和水坝等公共项目而成立。但大萧条后有关投资和税收的法律改革开始引导西方资本进入股市。大约在同一时间，英国经济学家罗纳德·科斯（Ronald Coase）提出了一系列行外人毫无兴趣的论点。（经济学被称为"沉闷的科学"不是没有原因的）科斯推测，为了经济和社会的利益，必须对市场和社会成本进行管理，而公司是平衡这些成本的最佳工具。

你或许以为所有对经济学的讨论都与工作规则无关。但这些理论实际上定义了公司工作的一切，甚至包括迅速壮大的私营高科技企业。例如，假设企业中的一名员工是"高绩效员工"（high performer），而另一名员工是生产效率较低的"低绩效员工"（low performer），那么不需要进行复杂的计算就可以看出，如果公司直接解聘"低绩效员工"，便可以腾出成本雇用更多的高绩效员工，股东就会因此受益。如此，何必花钱培训或指导表现不佳的人？优胜劣汰，合情合理。

同样的道理也适用于高管的高薪。组织给"高层"管理者的薪酬越高，就越需要加大筹码，以免其在就业市场中被"挖墙脚"。这也是高管薪酬（通常通过股票支付）大幅上升的原因。根据美国经济政策研究所（the Economic Policy Institute）的数据，从1978年到2020年，经通胀调整后，美国上市公司非执行员工的平均工资增长了12%，但与此同时，高管薪酬增长了940%。

但是，我不认为如今一位高管的价值比一名员工的价值大那么多。

正如我们将看到的，除非你我能共同构思组织的新使命，否则新一代的工作规则很难派上用场。我们将在本书的结论中深入探讨商业和资本主义的改革，以期能有额外收获。

我们需要新一代的工作规则的原因

显然，我将很多老一套的工作规则过分简化了。

老一套的工作规则没有本质上的错误。实际上，在第三次工业时代初期，它们就是新一代的规则。

如今许多老一套的工作规则愈发成为变通和创新的负担。企业和领导者越是遵循这些旧规则，他们的反应就越慢，适应变革的可能性就越小。

从雨后春笋般的颠覆性技术到重塑世界格局的新冠疫情，尽管我们的世界最近经历了一系列"大重置"，但老一套的工作规则仍然过分影响着当今企业的运作。

这就是为什么我们需要了解21世纪新一代的工作规则。

第2章

新一代的工作规则

新一代的工作规则揭示了工作的变化速度和归处。在新的规则中：

- 工作成为替客户和其他利益相关者创造价值的过程。
- 员工成为适应性强、有创造力、有同情心的问题解决者。
- 职业成为工作的组合。
- 岗位成为工作的众多用例之一。
- 管理者成为团队向导。
- 团队变成由问题解决者组成的分布式团队。
- 员工队伍变成工作网。
- 工作场所变成多方协作的空间。
- 变革管理变成管理变革。
- 企业使命成为一个调动人员力量的平台。

是时候坐上"时光机"了

假若把"时光机"设定到20年之后。当我们走进一家普通企业的大办公室时，我们将突然发现，人们的工作方式与以前大不相同。

我们曾经称为企业的组织已经改头换面。边界变得难以察觉。企业中人员进进出出，他们确定问题、创造价值再投入下一个新问题，整个过程行云流水。这个"工作网"是遍布全球的。人们可以远程、频繁、轻松地协作。

脱离了传统的管理者，工作小组似乎照常运转。每个员工都有理解和解决问题的能动性。团队工作，就像一支齐舞，员工虽遍布全球，仍能协作不断。

我们所知的传统工作场所已经不复存在，取而代之的是一个灵活的工作环境，它能不断适应现场人员的需求。而使那些远程工作的人也可以无缝接入。

然后，我们意识到"时光机"其实并没有把我们带到哪去。这种状态现在也存在。今天，我们共同见证着越来越多样化的工作方式。只不过没有一家企业采纳所有这些做法。随着员工群体不断反馈，许多企业都在不断适应和改进工作方式。

正如美国科幻小说家威廉·吉布森（William Gibson）曾说过并被人津津乐道的那句话，"未来已经到来，只是分布得还不太均匀"。

四条核心新规则

颠覆性技术、竞争加剧和全球趋势都将继续给企业及其领导者带来更大的压力。客户对新价值的需求将更加层出不穷。对过时技能的需求将减少，对新兴技能的需求将增加。

因此，员工和企业领导者必须更加灵活善变。他们将需要遵循一套全新的规则，这也将决定他们继续创造价值的方式。

我希望你们接纳一种全新的语言和观点，这不仅涉及工作，更涉及岗位、职业、团队、经理和企业。我知道这很不容易。但我请求你们不落窠臼，释放深层潜力，然后勇往直前。

尽管工作领域的改动非常复杂，但新一代的规则为那些领导者提供了一个简单的框架，助其为现在和将来的工作准备好心态、技能和工具。核心规则只有四条（见图2.1）：

提高效率（Empower Effectiveness）

促进成长（Enable Growth）

带动参与（Ensure Involvement）

增强凝聚（Encourage Alignment）

（简称：EGIA。我承认，这个简称可能不太好记）

每一条规则都包含着一些需要解决的难题。

图2.1 新一代的工作规则

来源：Charrette LLC。

提高效率

员工怎样才能以最高效率持续工作？他们如何才能以最高效的方式解决问题？

为解决问题以及为客户和其他关键利益相关者创造价值，人们该如何不断创新呢？

为鼓励和激励这些员工所做的贡献，需要何种激励机制呢？

促进成长

人们如何理解个人技能，培养"成长心态"（growth

mindset），快速学习新技能，并成为终身学习者？

员工如何才能持续地、最大限度地发挥自己的潜力？

一个人如何才能作为健全的人获得持续发展？

个人的成长如何成为一项团队任务？

带动参与

组织如何招聘、培养和提拔员工，以确保最大限度地实现人员多样性和公平？

组织如何在其整个工作生态系统中鼓励个人和团队成为经济增长的动力，并确保效率和统一？

人员参与如何才能始终以关键利益相关者（尤其是社区和社会）的需求为基础？

增强凝聚

员工如何找出关键利益相关者需要解决的问题，以及需要为他们创造的价值，并持续、不断地让他们的工作内容符合组织的战略价值？

员工团队如何以最高效率协调工作？

如何让众多各自为营、散落各处的人时刻心系彼此的工作以及共同的企业战略目标？

这些员工如何让自己的目标和使命符合组织的使命？

新一代的工作规则提出了新的心态、技能和工具，以解决当前和未来的问题，并为利益相关者创造价值。

改良后的工作规则

在本书中，我们将探索四条核心规则的方方面面。让我们先回顾一下老一套的工作规则，看看它们今天是如何被改写的。

工作成为一根替利益相关者创造价值的活动链条。

我之前说过，工作本质上就是三件事：运用技能、完成任务、解决问题。除此之外还有第四个要素：这根活动链条为利益相关者创造的价值。而价值可以是方案、产品、服务或成果等形式。而新一代的工作规则的完整的链条是下面这个样子。

新一代工作规则的价值链

技能＞任务＞问题＞为利益相关者创造的价值

这个简单的模型对企业的工作有几个重要的影响。

利益相关者

每个组织都有一个或多个核心利益相关者。无论你是在营利性公司、非营利组织或非政府组织（NGO）还是政府机构工作，利益相关者通常有客户、员工、承包商、合作伙伴、供应商、你工作和生活的社区等，对部分公司来说，当然还有股东。

价值

为利益相关者创造价值。例如，客户获得的价值通常来自你提供的产品或服务。用户打车获得的价值不是乘车本身，而是由一处到达另一处。乘车只是为他们解决问题的方式，但如果乘车期间体验良好，在这种情况下，利益相关者就获得了额外价值。

你的组织可能只有一类利益相关者，比方说对要创造的价值有一致期待的客户。也可能有很多利益相关者，他们的需求不断变化。合作伙伴获得的价值可能是你提供的始终如一的业务，而社区获得的价值可能是使一些公民获得收入。

问题

有时利益相关者的问题可以被明确定义，比如客户正面临饥饿或无聊的时候。有时问题的定义也可能很模糊，比如用户不再使用某个应用程序，或者产品设计师缺少有用数据。

问题可以是重复性的，比如每天打扫同一楼层的地板。问题也可以是独一无二的，可以是员工从未遇到过的问题，比如汽车发动机的电脑芯片出现故障，可是技工以前只维修过机械发动机。

需要从一个或多个利益相关者的角度来看待问题，因为一个利益相关者的问题可能不是另一个利益相关者的问题。此外，一些利益相关者是组织外部的，而另一些利益相关者是内部的，如另一些部门的同事或者你的老板。

任务

任务列出了我们解决问题所遵循的步骤。但在寻找最佳解决措施的过程中，不断打磨、改进甚至终止某项任务都是不可或缺的。

有些问题只需要一两项任务就可以解决，比如打包一些熟食、杂货。另一些则极其复杂。一辆汽车能有多达3万个零件，每个零件都必须按照严格的规格生产。把这些上万个零件中的每一个都看作一系列任务，这就需要数百个供应商负责完成。在全球供应网络中，所有这些部件最终汇聚一处，便可以组装汽车了。这里面有数不清的任务。

使用正确的工具集（通常包含技术和科技）可以最高效地完成任务。新一代的组织需要关注灵活多变的技术和科技，这些东西可以快速调整或交换，以确保利益相关者始终能获得预期的价值，而不是埋头于被各个流程所裹挟的任务中。

技能

我们已经拆解了三大人类技能，即知识技能、应变技能和自我技能。从入门到精通，人类的每一项技能都可以评估水平的高低。技能可以组成多个类型，多个类型又可组成一棵技能树。无论是个人掌握的也好，还是组织中雇员拥有的也好，我将技能的聚合称作"技能组合"。

请注意，我们是专门讨论人类技能的。你可能觉得无须做出这样的区分。但是，由于技术专家越来越多地将软件和机器人执行的任务称为技能，比如亚马逊的"Alexa技能"，因此，我再次强调，新一代的工作规则专门针对以人为中心的工作。

所以，现在我们在组织环境中摸清了整条工作价值链：运用技能，完成任务，解决问题，为一个或多个利益相关者创造价值。

机器人和软件无须我们操心。设计以人为中心的系统，以便人们能够继续使用人类独有的技能，才是我们该做的。

无论要创造的价值可能是一个简单需求，比如解答用户的售后咨询，还是制造一个复杂产品，比如汽车，都要发挥技能、任务、问题和价值的整套功能，才能充分服务利益相关者，这不是一条直线，而是一张价值网，是一个创造价值的生态系统，且为众多利益相关者不断优化改进。

将组织的价值网可视化非常重要，这不仅能让你更好地了解当前的工作生态，还可以预测未来的需求。正如企业分析师、顾问兼高管培训师李夏琳在其著作《破坏心态》（The Disruption Mindset）中所概述的那样，组织想要敏锐的创新，在其价值创造组合中，必须有一部分着眼于新一代的客户。要使用这种视角来设想未来的产品和服务，只需将未来的客户视为利益相关者，并利用设计流程来设想你能为他们解决的问题，以及能创造的价值。

岗位成为工作的众多用例之一

在老一套的工作规则中，工作通常是一堆任务。在新一代的规则中，工作只是一个角色。你可以有一份全职工作，你也可以是兼职工、实习生、志愿者、项目参与者、承包商、临时工、外包员工、盈亏自负的创业团队成员，甚至身兼以上所有身份。以上身份都是不同的工作角色、不同的工作场景。

几十年来，关于"工作的末日"的担忧不绝于耳。1994年，《财富》（Fortune）杂志刊登了一篇同名封面文章。其作者威廉·布里奇斯（William Bridges）曾是一位历史学家，后来转型为管理方面的专家。他在这篇文章的副标题中写道："作为一种分派活计的方式，（工作）是一种已经过时的社会产物。它的消亡让每个人都面临着未知的风险和大量的机会。"布里奇斯是我父亲的老朋友，身为一位热情而智慧的思考者，他喜欢帮助人们追求精神成长，一如他专注于指导首席执行官们进行人生转型。在后来出版的《新工作潮》（*Jobshift*）一书中，他写道：

> 我们都必须学习新的工作方式……而在某些情况下，新的工作方式将需要新的技术性技能，但在更多情况下，新的工作方式将需要更基本的东西，即在一个工作不再明确和稳定的世界中找到和开展工作的"技能"……现在的员工需要完全忘却岗位，转而寻找需要人完成的工作，然后让自己进入完成工作的最佳状态。

关于为什么要有新一代的工作规则，这是我听过的明确的回答。

工作转向以问题和项目为中心

想想你最喜欢解决的问题。也许你喜欢把坏掉的东西拆开修好，然后重新组装起来。也许你喜欢弄清楚如何帮人们解决复杂的社会问题。也许你喜欢处理大量数据，又或者思考复杂的点子。

现在想想你最喜欢使用的技能。它们通常与你想解决的问题类型相匹配。这是因为，当我们在生活中发现自己擅长解决的问题时，我们会磨炼自己的相关技能，以不断提高解决这些问题的能力。在新一代的工作规则中，工作将越来越以问题为导向，解决问题的场景将越来越以项目为中心，这些项目往往会重叠，形成一个或许永无止境的工作流程。

解决问题用的就是一整套心态和技能，再辅以不断更迭的工具。

当我跟别人说工作的本质就是解决问题时，有时会引发不快，而这通常是因为不同国家的文化差异。有一次，我为德国劳工和失业机构的员工主持了一场小组会议，他们告诉我："我们不谈论问题，我们只关心解决方案。"因此，如果"方案提供者"在你的文化中更顺耳，那么别客气，尽管在你的大脑词库中检索，将所有"以问题为中心"替换为"以方案为中心"。

正如我们将在后续章节中探讨的，将工作聚焦在问题和项目中是新一代组织的关键心态集、技能集和工具集。

随着工作转向以问题和项目为中心，组织领导者势必更加在意某个人在给定的一周内的实际工作量。硅谷和华尔街盛行的完成超额工作和加班文化可能会导致大量员工不堪负荷。以项目为中心必须同时保障生活品质，并维持人们长久以来可接受的工作量。

职业成为工作的组合

在老一套的工作规则中，职业生涯分为三个阶段：接受教育、工作和退休。世界各地的许多人将继续按部就班地经历这三个阶段。

但一种新模式初见端倪。

你可以将其视为一个工作组合，一手围绕工作、学习、爱好、乐趣和生活不断变化的牌（见图2.2）。这就像你的投资顾问建议你分散风险一样。你的工作组合中有很大一部分应该是相对稳定的（你的日常工作），一部分可能要冒点风险来赚更多的钱（兼职），另一小部分可能要冒更大的风险（创业）。

世界各地的很多父母都问过我："为什么我的孩子长大了却不肯找一份像样的工作？"这就是为什么。工作组合是应对世界急剧变化的对冲策略。随着雇主和雇员之间传统关系的瓦解，越来越多的年轻人正在扩大职业选择，为未知的明天做好打算。他们不知道什么样的选择会有结果，于是他们不断播下新的种子，以期创造未来的机会，进而化解未来的风险。

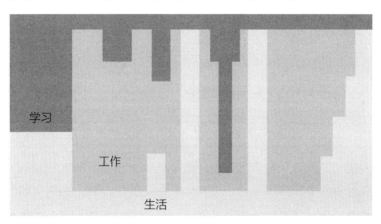

图2.2 工作组合

来源：Charrette LLC。

几十年来，一些人一直在谈论传统工作的"原子化"。1979年，营销大师杰伊·康拉德·莱文森（Jay Conrad Levinson）在广告公司出任高管，他创造了许多经典广告形象。他认为广告业以项目为中心的方法会推广到其他行业，于是写出《没职业也挣钱》（*Earning Money Without a Job*），提供了在没有正式岗位的情况下处理多个项目的策略。杰伊对项目的重视——他从广告行业学来的一种模式——是以项目为中心的模式，这种模式不仅常见于硅谷。

对于今天的许多年轻人来说，学习、工作和生活的传统规则可能不再界限分明。那些喜欢变化和多样的员工，将在这种模式中如鱼得水，但那些不占优势的人更容易遇到挑战。因此需要新的方式来帮助他们找到或创造高薪、稳定、有价值的工作。

你还有一个终身学习组合

在一个充满不确定性的世界里，信息的有效期正在迅速缩短，以前那种"学到毕业为止"的模式已经不够用了。你需要成为一个终身学习者，建立一个学习组合，体验各种门类，既有当作兴趣爱好的粗浅学习，也有能让你精于一道的长期学习。这种学习分为两条平行又交织的轨道，在一条轨道上不断收集知识同时发展知识技能，在另一条单独的轨道上发展应变技能和自我技能。

工作组合是应对世界急剧变化的对冲策略

这种学习和技能组合有时被称为T型技能。专业化意味着深耕某一特定领域或职业。但一个不断变化的世界需要你拥有一系列跨越传统行业的技能。因此，你仍需要加大一个行业或领域的学习深度（纵向），但也需要提升应变和自我技能的广度（横向）。T型技能一词最早于1978年出现在美国电气与电子工程师协会的《工程管理评论》（*IEEE Engineering Management Review*）期刊中。20世纪80年代，麦肯锡咨询公司开始使用这种方法来培训专业人员。IDEO设计公司董事长蒂姆·布朗（Tim Brown）长期以来一直强调T型技能的广度和深度，而提及T型技能的那套心态和技能，人们最常想到的是IBM公司。想了解详情，可以读读IBM公司认知开放技术总监吉姆·斯波勒（Jim Spohrer）与人合著的《T型人才》（*T-Shaped Professionals*）一书。

学习技能往往会变得应时应景

在工业时代，提前数年投资教育再等待回报的做法可能有些道理。但是，如今信息的有效期不断缩短，再加上我们对人类学习的理解不断加深，这清楚地表明，只有当我们需要学习知识时，以及当我们能够应用知识时，学习效果才最好。我称为应时应景学习。应时，是因为你现在需要新技能，来解决面前的问题。应景，是因为你在解决一个特定问题的过程中学习。

当然，我不是说看完网络教学视频就能进手术室给人做脑科手术。治学如酿酒，不可揠苗助长。但不是每个人都需要经历马尔科姆·格拉德威尔（Malcolm Gladwell）那广为人知又饱受质疑的1万小时训练。（你在第8章中会见识到Catalyte能以多快的速度培养程序员。）海量的学习时间可以分割成小块，融入学习情境中，即学即用，如此你便可以不断发展学习和技能组合。

你的学习和技能组互有交集

工作和学习组合可以从多维度解决问题。假设你刚创办了一家企业，你注意到的是，多动症患者学习速度不尽如人意。你的想法是，为每个学习者播放定制音乐可能会帮助他们学习得更快。为了开发软件，你可以聘请一位认知心理学家、一位专精机器学习和人工智能软件的程序员，以及一位音乐理论专家，希望他们三人能够通力合作，拿出一个真正可行的产品。

又或者，你可以雇用一个在这三个领域掌握一些交叉技能的人。

在第6章中，我将介绍关于交叉技能的其他案例。尽管我从事职业咨询已有四十多年，但许多人在我想象不到的兴趣交叉点上从事有趣的工作，这一点依然时常令我惊讶。

案例分析

重叠的技能组合

1834年，约翰·维恩（John Venn）出生于英国约克郡。维恩是一位杰出的数学家，他的《机会逻辑》（*The Logic of Chance*）改进了概率论，将其作为一种抛开猜测并将数字概率分配给可能结果的方法。他在自己工作的那所大学成了校长。他同时还是一名业余发明家，喜欢设计和制造能够完成人类动作的机器，他还很喜欢打板球。这两项爱好的交集促使他发明了一种板球投球机。

对于当时的数学家来说，描绘集合之间的关联是一个老难题。集合A中的数据和集合B中的数据可能有一些重叠。这很容易用数学来描述。但怎么才能可视化呢？

事实证明，维恩用于发明的应变技能，如分析、定性和构思等，在解决可视化方面也很有用。他意识到这些重叠可以用一组简单的图像来解释。每个集合都可画成一个圆，它们之间的重叠部分用另一种阴影或颜色体现。多个集合可以显示多个交叠圆的公共元素。

今天我们称为维恩图（见图2.3）。在整本书中，我用这种图来概括与工作和学习相关的复杂概念，这样我们就可以更好地理解领域和想法之间难免且有趣的重叠。

你听说过神经经济学家、天体化学家或天体植物学家这类头衔吗？它们听起来像是无稽之谈。但它们确实存在于多个学科的交叉点上。

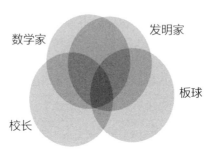

图2.3　维恩重合的技能组合

来源：Charrette LLC。

团队变成由问题解决者组成的分布式团队

在老一套的工作规则中，团队是一个通常专注于执行辅助任务的团队。但在新一代的工作规则中，团队必须以问题和项目为中心。

团队必须善于围绕这些问题进行动态绑定：首先，通过讨论弄清正在解决的问题，然后就解决方案进行合作，就责任和责任达成一致，个人和集体齐头并进地解决问题，并不断校正努力的方向。成员需要了解彼此的特长，这样就可以分解要做的工作，并使用互补的技能来实现最佳结果。

新冠疫情期间，许多团队认为成员彼此信任，因此这些团队仍然保持分散状态。正如我们从宝洁等公司看到的，团队成员有意协调他们的工作，以确定每个人何时需要出勤，以及何时可以远程办公。新一代的企业将更多地多地区雇用人才，并让他们留在原地工作。

员工队伍变成工作网

在老一套的工作规则中，组织就是一个箱子。箱子外面很充裕（有很多人想找工作），箱子里面很紧张（只有一丁点工作机会）。组织用层级制度来管理这种稀缺性。组织的员工队伍是一个二元集合，只包括雇员和非雇员。

传统岗位只是工作的一个用例。看看其他工作用例，还有哪些人能为你的组织创造价值？兼职员工、外包员工、临时员工、承包商、分包商、零工、实习生、顾问、合作伙伴还有供应商。你的客户可以通过设计研讨会、众包、众筹等途径来为自己创造价值。即使已经离职的员工，也可以通过宣传公司品牌，或者向公司推荐新人来继续创造价值。

旧式箱子模型已不足以运转这个复杂的人力生态系统。我们需要新一代的心态，才能涵盖所有这些不同的用例。因此，员工队伍现在成了一张工作网，这张网由可以为组织的利益相关者创造价值的人组成（见图2.4）。组织突然间有了"软栅栏"，所有人构成了一张共享价值网。在更大的生态系统中连

接人才和组织，把各色人等都当作你工作网的一部分，你将更
容易发掘和吸收人才，并帮助他们发展对口技能，解决问题，
为利益相关者创造价值。

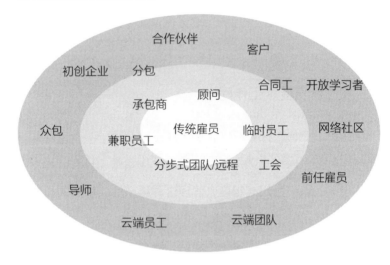

图2.4　你的工作网

来源：Charrette LLC。

管理者成为团队向导

在老一套的工作规则中，管理者是负责人，他们想要获得
所有答案。在新一代的工作规则中，管理者是团队的向导，他
们努力提出最好的问题。

我用"向导管理"这个标签，是受《教育领域的登月计
划》的作者伊泽尔·沃西基所启发。她认为教师需要从"舞台

上的智者"转变为"身边的向导"。对于"曾经被称为管理者的人"来说,情况也同样如此。

向导管理是鼓励他人工作的新一代心态。团队向导既不是职业或生活的教练,也不是人生导师,尽管他们多少要具备这些技能。实际上,团队向导深知每个团队成员的能力,目标是协助团队成员理解问题并达成一致,并且只在必要时才指导个人或团队解决这些问题。团队向导是一位清晰而直接的沟通和引导者,他用提问帮助每个团队成员获得更深的见解并独立解决问题。团队向导致力于帮助每个团队成员发挥个人潜力。团队向导重视每个员工的效率和成功,并且充当责任代理人。在很多情况下,向导本人也是团队的贡献者,好比一位"球队教练",他作为问题解决者展示自己的技能,并为团队目标提供支持。

我个人希望传统的"管理者"标签会像渡渡鸟那样消失。这并不代表彼得·德鲁克最初的设想是错误的,他认为管理者同时是企业活动的"作曲家和指挥家",而管理是一项"创造性任务"。但是,对于一个瞬息万变的世界来说,管理者的传统做法已时过境迁。

我们将在第4章探讨向导管理的积极心态,在第7章探讨最有效的技能组合,在第8章探讨实用工具组合。我们还将研究"无领导"组织的运转,以从中获得一些独到见解,了解当管理者完全消失时会发生什么。

工作场所变成多方协作的空间

新冠疫情下的经济运行中，许多组织发觉，自己的团队和员工一周中即便有部分时间在办公室外工作，也能保持良好效率。避开每天通勤高峰期，逃离格子间的压抑氛围，许多员工找回了乐趣。随着团队活动的地点越来越分散，工作场所越来越成为团队成员聚集在一起进行有意协作的空间。

格子间不会完全消失。但对许多组织来说，工作场所将变得更加灵活和流动，不断变化的员工配置提出不断变化的需求，工作场所也要随之不断调整。用一张维恩图判断员工有无必要到场，需考虑到员工的综合职能、处理的项目类型、项目所处的阶段、员工的健康状况、同事的健康状况、与同事的距离远近、设施的使用程度，以及员工当下的切身经历和感受。

如果你是一个项目负责人，你正在主持一个需要密切合作的项目，当需要团队配合时，你处于项目的前端，你很健康，你的团队成员很健康，你不打算出远门，你住得离办公室很近，可以在有需要时立刻到位，工作场所可以很好地容纳你和你的团队。只有这些条件都满足了，你才可能会去办公室。

但是如果你是一家新网站的用户界面设计师，你处于项目的执行阶段，你身体不舒服，你的团队成员也不舒服，你住的乡间小镇离办公室有几个小时远，你通过网络知道办公室已经很拥挤了。以上种种条件促使你今天就可能不去办公室。新冠疫情暴发前或许不能轻易这样选。而且，有很多工作性质不允许如此随意。但许多团队每天都在做这种权衡，以确定某位员工究竟要不要到场。

2020年中，商业房地产服务公司仲量联行（JLL）发布了一份报告，该公司预测，到2030年，30%的办公空间将迎来"灵活办公"。这种程度的机动使用要求所有相关人员具备新心态、新技能（尤其是团队向导和组织的运营协调者），还要有新的软件工具来管理所有这些"有点绕"的各式组合。从组织的角度来看，其有形资产将变成一个"空间组合"，贯通办公室、分散型工作处、共建设施、合作伙伴的设施、当地咖啡馆，甚至员工的家庭办公空间。

变革管理失灵，管理变革当立

老一套的工作规则中，变革管理是一种常见的做法，先着眼未来几年后，设想一个静止的状态，然后朝着这个预想的未来制定计划，并促其实现。

但在充斥着颠覆的世界里，当年的变革管理者已是冢中枯骨。可行之途唯有管理变革。组织变革是一个长期动态的过程，而不是一个点到即止的目标。领导组织的人必须不断抛出奖励，鼓励员工通过创新发掘新心态和新实践。这是一个经历一系列"相变"的渐变过程。

在计算机动画或photoshop软件中，渐变是一系列状态无缝过渡的过程。渐变后的图像可能与渐变前的图像完全不同，但这种变化润物无声，不会出现巨大的、强烈的差异。巨量的转变很少一蹴而就，而是常以改变心态和技能的一系列渐变步骤来呈现（见图2.5）。

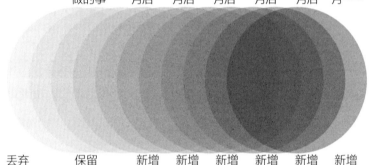

图2.5　新一代的工作规则：管理变革

来源：Charrette LLC。

新一代组织成为一个调动人员力量的平台

组织的传统规则侧重于为股东实现价值最大化。当然，许多遵循传统规则的领导者也关心客户。

但每个组织都有更广大的利益相关者，包括客户、员工、业务合作伙伴、运营所在社区乃至地球。但因循守旧的组织通常不将他们视为核心利益相关者。新一代组织决不能也这么做。

我已经说过，物质层面上，工作就是使用技能来完成任务，最终解决问题，并为客户和其他利益相关者创造价值。但是，精神层面上，工作是调动人员力量的通道。当我们使用技能时，我们消耗精力。无论我们是简单地使用认知能力来设想解决方案，还是使用身体技能来执行任务，我们都在调用自己的精力。因此，新一代组织是一个平台，用于引导人员力量为其客户和其他利益相关者创造价值。

究竟如何才能做到这一点？这就要用新一代的工作规则。

迷你工作手册：亚里士多德给个人和组织的画布

这些是新一代规则对工作影响的主要方面。在本书的其余部分中，我们将从心态、技能和工具的角度探讨这些转变的影响。但首先，我们再做一两回心态实验。

新一代规则不是纸上谈兵。但只有弄清楚它们为什么与你的工作和组织相关，它们才能发挥作用。所以我现在要请你快速做一些锻炼来放松一下大脑。

当你在第1章的时空之旅中与亚里士多德促膝相谈时，他问了你六个重要的问题，即"六连问"：工作的内容、对象、地点、时间、方式和原因。我已经把它们写在画布上，这块画布就是一张全局图，上面罗列着做决策时首要的考虑因素。按照作家丹尼尔·卡尼曼（Daniel Kahneman）在《思考，快与慢》

（*Thinking, Fast and Slow*）中的定义，这就是快速思考。

我附上了亚里士多德画布的两个版本，一幅代表你个人的工作，另一幅代表你的组织。这些都是为了帮助你围绕工作的意义和组织的使命进行思考。

个人画布（见表2.1）提出了关于你当前工作角色的"六连问"，前提是你有份全职或兼职工作。如果你有一个工作组合，或者目前没有工作，你可以依据上一份工作来作答，也可以想象一份理想工作来作答。

表2.1 亚里士多德个人画布

原因	意义 为何工作？工作有什么目的？	回报 你想获得何种报酬？收入、福利、晋升还是别的？	人员 你最喜欢与何人共事？	心态 你最适合哪种组织文化？	对象
内容	问题 你最爱解决什么问题？	技能 你最爱用什么技能解决问题？	价值 驱使你工作的信念是什么？你的工作必须产生何种价值？	工具 你在工作中最爱用的战略和技术工具是什么？	方式
地点	位置 你想在哪里工作？	环境 什么环境最有利你工作？	组合 你现在理想的工作组合是什么？你将如何管理这一组合？	路径 你想在未来何时做哪种工作？哪种未来工作场景最让你兴奋？	时间

来源：Charrette LLC。

无论你在组织中的工作角色是什么，都可以完成亚里士多德的组织画布（表2.2）。如果你目前不属于任何组织，可以依最近待过的组织来作答，也可以想象一个憧憬的组织来作答，还可以根据自己想要创办的组织来作答。

请注意，亚里士多德的组织画布与组织的人力工作有关，不涉及其行业卖点或走向市场的战略。想做后面这些题，只需在线搜索，就能轻松找到其他可供参考的商业画布。在硅谷最流行的是埃里克·莱斯（Eric Ries）推出的精益画布，他著有《精益创业》（*The Lean Startup*）。莱斯制定了在有限的时间、金钱和信息条件下进行有效商业决策的黄金标准。

我们做的是"快速思考"练习，只管简要记下你的想法。

我知道当你读一本书时，如果作者让你做一个练习，你会怎么想。你可能想跳过它，告诉自己回头再做。但我希望你能现在花15分钟，快速记下每个问题的简要答案，不为别的，就为了你自己。我们的目标是迅速将想法写在纸上，之后你可以随时修改。这些想法在后续章节中非常有用。（你当然可以想花多长时间就花多长时间，但不要让"完美主义"阻碍了"完成"）

自我分析练习：亚里士多德个人画布

你是独一无二的。你有一套不同于地球上所有人的技能、兴趣、动机和经验组合。无论你是单打独斗，还是领导一个小团队，抑或是指导一个大组织，与你共事的每个人也是独一无二的。但是，你的工作和生活中有太多潜在的元素需要清点，这可能有点扫兴。亚里士多德个人画布（见表2.1）旨在帮助你快速摘出工作中的各种元素，以便读到本书其余部分深入研究新一代规则时有所反思。

原因

意义：你为什么工作？你工作的意义或目的是什么？

回报：你希望如何获得工作报酬？你需要何种收入、福利和假期？你想要什么样的晋升机会？

内容

问题：你最喜欢解决什么样的问题？如果你的核心动机是一个过程，比如使用创造力，那么你最喜欢在哪些活动中使用创造力？

技能：你最喜欢使用哪些技能（知识、应变和自我技能）？

对象

人员：你最喜欢和谁一起工作？你会如何描述他们？

心态：什么样的组织（企业）文化最适合你？你希望身边的人遵循何种价值观作出行为？

地点

位置：你想在世上的哪个地方工作？（对某地的偏爱被称为"恋地情结"，哪个地方会触发你的"恋地情结"？）

环境：什么样的工作环境能让你充分发挥？你想分配多少时间用于固定办公、居家办公以及其他形式的办公？

时间

组合：你现在理想的工作组合是什么？是找一份全职工作，还是多份兼职？

路径：你想未来做何种工作？畅想一下未来工作中最让你兴奋的情景是什么？

方式

价值：驱使你工作的两三个核心信念是什么？你的工作首先要体现的两三种价值是什么？

工具：你最喜欢在工作中使用的两三种工具和技术是什么？

近来，各类关于人类幸福的研究都支持了画布上的核心问题。例如，美国威斯康星大学麦迪逊分校的研究员找出了幸福的关键方面：意识（用自我认深切地体会生活经历）、联系（关心生活中的其他人）、洞察（通过解读自己而塑造的成长型心态）和目的（理解自己的信念、价值观和目标）。意识决定工作方式，联系决定工作对象，目标决定工作原因。

步骤1：打印出亚里士多德个人画布（表2.1）。写下你对上述问题的答案。一开始不要花太多时间。只需把每一个要点都记下来，就可以把你的想法快速写在纸上。

如果你已经知道自己的工作动机，那就太好了。如果你脑海里有一两个拿不定的主意，这个练习正好可以帮助你做出决定。

步骤2：团队合作。让团队成员各自填写画布。然后进行头脑风暴练习，看看你们每个人在哪些方面有互补的技能和一致的价值观，在哪些方面有分歧，看看你们是否可以综合各自的观点。

如果你想深入研究画布上的任何元素，比如盘点你的技能或确立你的价值观，可以利用各类自我分析手段，从书籍到在线服务，再到辅导和培训，不一而足。

组织分析练习：亚里士多德组织画布

现在，让我们用这六个问题梳理组织在新一代的工作规则下的特点（见表2.2）。

表2.2　亚里士多德组织画布

原因	愿景 组织有什么目的？组织想要打造什么样的世界？	使命 组织的利益相关者有谁？组织将为他们创造何种价值？	人员 组织需要雇用哪些人来为利益相关者创造价值？	心态 这些人员的何种行为会获得组织的奖励？	对象
内容	问题 利益相关者带来哪些关键挑战？	技能 组织用哪些关键技能解决问题并创造价值？	价值 哪些核心价值观决定了组织开展活动的方式？	工具 组织使用哪些关键技巧和技术来创造价值？	方式
地点	位置 组织在什么地方运转？	环境 什么工作环境最有利组织内员工开展工作？	战略 何种场景下员工才能不断为组织利益相关者创造价值？	凝聚 组织如何不断让所有人为了相同目标通力合作？	时间

来源：Charrette LLC。

原因

愿景：愿景是对组织宗旨的陈述，通常以"打造一个……的世界"开篇。这描绘了组织想要塑造的未来。组织愿景理应十分宏大，我们在有生之年都不能指望它实现。组织愿景通常不会随着时间的推移而改变。它是组织的北极星，是组织的前进方向。（如果你的组织尚未立下愿景，这就是一个亟待解决的问题。但现在，先写下你认为应该作为组织愿景的东西）

使命：使命明确了长期内公司将如何努力实现愿景，以及谁将从中受益。使命应该列出组织的关键利益相关者——客户、工人、合作伙伴供应商、组织运营所在的社区、地球和股东，并按照他们对组织的重要性排列。（在你的一生中，或许可以达成使命。而一旦达成一个使命，你就有了一个新的使命）

内容

问题：你的组织为使命一栏中的利益相关者解决哪些具体问题，为他们创造何种价值？

技能：你的组织擅长什么？组织可以使用哪些核心技能来创造价值和开展活动？

对象

人员：你的组织需要什么样的人来为其利益相关者创造价值？（请记住，这些人本身就是组织的利益相关者）把你觉得有关的人都写下来。

心态：在你的组织中，那些获得最高回报的人有哪些思考和行动方式？请列出两三种。

地点

位置：你的组织在什么地方办公？它在哪些社区运营，哪些社区从其产品中受益？

环境：组织提供什么样的工作场所来帮助员工做好工作？

时间

战略：战略代表员工为解决问题并为利益相关者提供价值而最常打的两三张牌。随着组织不断了解当有和未来客户的需求，战略可以也应该改变。

凝聚：组织如何使每个人都与组织的目标、团队和个人的目标保持一致？哪些做法能确保每个人都会帮助利益相关者解决问题和创造价值？（如果你不知道这些做法是什么，就先空着，我们留到后面再做）

方式

价值：什么样的核心价值观决定了组织开展活动的方式？组织文化的关键支柱是什么？

工具：组织使用哪些关键技巧和技术来创造价值？

以你在组织中的角色，你或许不知道所有问题的确切答案。没关系。先"咬定"你的答案，可以稍后再让其他人"斧正"（我将在下一章结尾对此进行解释）

步骤1：打印出亚里士多德组织画布，写下你对组织的看法。我想要你现在花几分钟时间来做这件事。从你的角度写下简短的答案。

步骤2：团队合作。请团队中或组织上下的其他人来填写画布。比较每个人的回答。思考每个人看法的差异意味着什么？你们又该如何化解这些差异？

无论你选择独自完成，还是与其他人合作，都要在一个非常重要的前提下回答问题，即相信自己所写的答案。也就是说，你相信自己写的都是真实的吗？不要去想食堂墙上的"企业价值观"，也不要去想公司网站上的营销说辞。现在，从你的亲身经历来看，你的组织的真实情况是什么？

关于画布中的每一栏，前人都留下了深刻的著作和思想。无论你认为哪些因素对组织至关重要，有了这些海量资源，你都可以对问题深入研究。如果你对原因感兴趣，那么西蒙·斯涅克（Simon Sinek）的《从"为什么"开始》（*Start with Why*）不可不读，起码能带你入门。斯涅克提供了简单但可行的建议，指出了组织上下对采取行动的理由达成共识前，需要经历哪些步骤。如果你对方式感兴趣，推荐你读一读《HOW时代：方式决定一切》（*How：Why how we do anything means everything*）。这本书的作者是HOW社会研究院创始人多弗·塞德曼（Dov Seidman）。我从塞德曼那里明白了在行为和真实自我之间建立深层联系的必要性。

等你完成了自己的画布，并且也为你的组织填好了一幅画布，请将它们对比看看，寻找哪些地方一致？哪些地方不一致？你如何解读其中的关联？你想和谁谈谈这些关联？你是否需要采取行动，无论是针对自身还是组织内部，以缩小两张画布的差异？

从心态、技能和工具的角度来看

本书接下来的三个部分围绕心态、技能和工具展开，每个部分各有两章。

现在，你已经掌握了亚里士多德的组织画布，你可以在第3章探索企业心态，在第5章探索技能，在第7章探索工具。通过个人画布，你可以深入了解第4章中个人和团队的心态，第6章中的技能，以及第8章中的工具。

在我们开始之前，先弄清楚心态、技能和工具之间到底有什么区别？

想象一下。

我一挥魔杖，你我突然来到一座高山的山脚。抬头一看，你惊奇地发现自己获得了登山家的全部技能。你拥有了几十次登山经历。你能想到登顶所需的所有技巧。你甚至可以想象出你的攀登路线，你可以在脑海中有解决可能遇到的每一个潜在问题的答案。

但是当你看到山顶时，你说："那儿看起来太冷了，那儿高得不可能爬得上。"

你有所有的技能，但没有正确的心态。你会爬这座山吗？不，你不会的。

现在，我再次挥舞魔杖，突然，你失去了爬山的技能，但是有了正确的心态。你以前从未爬过山。但当你抬头看山顶时，你心想，"这能有多难？"于是你迈出一步，接着两步。你会遇到问题，也会解决问题。最终，你站在山顶向下看，说出："这也叫难？"然后，你抬头望向下一座山。

一开始，你只有正确的心态，没有任何相关技能。通过在实践中的学习，你在爬山的过程中掌握了这套应时又应景的（见图2.6）技能。

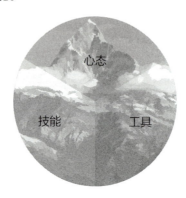

图2.6 心态、技能、工具

来源：Charrette LLC。

［关于这个问题，我很喜欢卡特琳娜·费克（Caterina Fake）的一句名言。她是首家大型图片分享网站Flickr的联合创

始人，现在是播客节目《这应该存在吗？》（*Should This Exist?*）的主持人。"有时候你爬上了山，你会跌倒，然后失败。"她说，"也许换条路你就能上去。也许换座山也能上去。"]

当然，凳子少不了第三条腿，也就是工具。如果你穿着凉鞋和短裤，在阵阵寒风中，面对一堵令人望而生畏的冰墙，那么一套包括钉子靴、绝缘服、冰镐、岩钉和绳子的工具可能会非常趁手。

既然，单靠心态并不能解决所有问题，学习攀登冰墙的技巧也会非常有用。

案例分析

心态、技能与工具的真实案例

马修·科克兰·安德斯（Matthew Corcoran Anders）时年18岁，家住美国旧金山湾区，刚刚高中毕业。他想和朋友一样在坚宝果汁打暑期工，有免费冰沙喝谁不喜欢呢。但他的父亲另有想法，他希望儿子到湾区对面亲戚开的除虫公司工作。于是马修听从父亲的建议成了一名电话客服，与年龄是自己两到三倍的人一起工作，接听火气冲冲的客户打来的电话，听他们投诉自家的虫子还没有杀光。

有一次办公室电脑出了问题，于是办公室经理打电话给技术人员。马修发现他们只是糊弄地检测一番，就宣布电脑已经修好了。看到这项工作似乎很容易，马修立即自告奋勇充当办公室的"技术小能手",并开始处理电脑问题。

当时遇到的第一个大问题是,办公室购买了一套VOIP系统却安装不上。马修并不知道什么是VOIP,回到家便开始上网研究。他发现VOIP的意思是基于IP的语音传输,也就是在互联网上运行的电话系统。通过浏览软件论坛和阅读用户手册,他学会了如何将办公室的电脑升级到最新版本的Windows系统,再安装并运行VOIP系统。

那个夏天,他很快成为办公室不可或缺的一员,在回学校参加毕业典礼前,他写了一本系统操作手册,这样在他离开后,办公室工作人员就可以自行操作这些系统了。

马修刚开始工作时几乎没有什么技能,但他可以通过上网学习,并在工作中创造了工具。他原本可以继续做接电话的沉闷工作,但他发现了一个自认为可以解决的问题且应时应景地学会如何解决。

应时意味着他只需要收集解决问题所需的信息,而不需要别的系统性知识。他没有告诉办公室经理,"听着,我要去攻读计算机学位,四年后回来安装VOIP系统。"他只学习完成当前任务所需的特定技能。

应景意味着他能够在解决问题的过程中学习。他没有了解防护软件的历史,也没有了解数百种不同的防护程序。他只关心这一个软件,只为满足雇主的特定需求,并在一个实际的工作环境中做到了这一点。

当我向世界各地的教育工作者讲述这类故事时，我得到过两种回应。心态偏保守教育者表情呆滞，他们想象着学习者夺取主动权，但完全不知所措。但具有新一代心态的教育者非常兴奋，他们看到了让学习触及所有人的新可能性。

请在多种场景下，将工作想象成一颗钻石，心态、技能和工具就是钻石的三个切面。以建立"人际网"为例，把自己想象成"牵线者"就是一种心态，与世界各地的人建立联系是一项技能，领英等人脉网站就是实现这一点的一个工具。

然而，心态、技能和工具之间往往没有明确的界限。心态可以通过技能来强化，反之亦然，这取决于你想要解决的问题。你可能会把一种战略实践，比如一种解决问题的方法，看作是工具（一种技术）的一部分，或者看作是技能的一部分（如果是解决问题的技能，比如说软件测试，那么它就是一种知识技能；如果它在许多情况下都可用，那么它就是一种应变技能）。

效率，成长，参与，凝聚

当我们深入探讨观点和实践时，重要的是要记住，新一代的工作规则并没有完美的使用方法。你的目标是提高效率、促进成长、带动参与以及增强凝聚。而你和你的组织自有一套顺序，来决定其中哪一项是最需要你直接关注的。

开发心态、技能和工具来实施新一代的工作规则是一个长期动态的过程，而不是一个点到即止的目标。你需要尝试、调整和进化。对另一个组织有效的东西可能对你和你的组织都不起作用。

关于心态还有一件事。记住，掌握新一代的工作规则的目标始终是为了创造以人为中心的工作。

现在思考在整个组织的大背景里，心态又是什么？这将是我们下一章的重点。

MINDSET

第二部分

心 态

进化型组织
应对数字化变革的心态、技能和工具

第**3**章

组织文化就是心态

新一代组织致力于培养上下一体的心态。但许多领导者不清楚组织到底应该具有什么统一的心态。这是要解决的第一个问题。

组织领导者提出的第二大问题是：如何改变组织的文化？领导者需要引领一个包容的共同创造氛围，来确定哪一种新一代心态模式最适合组织。

尽管组织转型计划往往落空，但那些成功的计划指出了促成有效转型的一些统一因素。然而，领导者必须摆正心态，将转型看作一个持续的过程。

我在你面前放了一副增强现实（Augmented Reality，AR）眼镜。这项颠覆性的技术将为你的工作和组织提供全新的视角。

戴上吧。

你环顾四周，突然发现你的组织有了全新的面貌。

你意识到自己以前将组织当成一个箱子。因为箱子外面有大量的人才，而箱子里面的工作机会有限，你觉得必须控制麾下人才的数量。但现在你看不到箱子了。你的组织现在是一张人才网。你曾经眼中的员工队伍现在是一张工作网。你能看到的人才不再是冰山一角，现在你看到了冰山的全貌，以及组织中几乎无限的人员潜力。

你还意识到自己过去常常以二元视角看待员工。一个人要么是雇员，要么不是雇员。但现在你能看到与组织有关的每一个人，从普通员工到云端办公的临时工，都是你工作网的一部分，这种结构团结人类力量，共同帮助你的组织解决问题，为利益相关者创造价值。

如果你的公司是上市公司，或者是一家获得融资的初创公司，你以前会认为组织的主要目标是为股东创造价值。现在你意识到组织是一个通过引导人员力量解决问题并为利益相关者创造价值的引擎。如果你曾经认为公司的核心战略仅仅是让客户开心，那么现在你发现组织需要建立利益相关者的心态（stakeholder mindset），在扩大后的利益相关者群体中，客户将处于中心。

最后，你会意识到，有四种核心心态就像搭建组织的材料，它们分别是增强效率、促进成长、带动参与和增强凝聚。

戴上这副眼镜就能以全新眼光审视新一代心态，是不是非常简单？

何谓心态

当然没那么简单。

我最常从组织领导者那里听到的问题是，我怎样才能改变组织的文化？我通常会反问他们：你愿意付出多大的努力和协作精神？

推动心态转变可能很难，因为真正的心态转变需要行为上的巨大转变。很少有人在早上醒来时默念"我今天要彻底改变思想和行动"，并且能真正地、真心地、持续地这样做。心态的转变意味着学习，同时也意味着忘却旧有的模式。改变心态意味着你需要允许自己承担新的风险，这往往比我们想象的更具挑战性。

正如我们将在后面的章节中看到的，你还需要不断锻炼新一代技能来解决新问题。除此之外，你还必须选择新一代工具，为你提供成功所需的技巧和技术。

最后，即使你已经完全树立了新一代心态，你还需要让团队和组织中的其他人看到你所看到的未来，并改变他们的心态。

请把心态看作你用于待人接物的认知框架。卡罗·杜维克（Carol Dweck）在其力作《心态制胜》（*Mindset*）中谈到了两种基本的心态：

● 定型心态指将自己看成一个静止的人。你喜欢昨天，觉得今天很好，但如果明天像昨天和今天一样，那你也会觉得明天很棒。你没有多大的好奇心，也当然对"终身学习"不感兴趣。毕竟，上年纪的人学不了新玩意，对吧？我们差不多生下来就定型了，一生中没有东西能真正改变我们。

● 但如果你拥有成长心态，你就会把自己看作一个不断变化的人。你对很多话题都很好奇。你现在的工作和几年前完全不同，你觉得几年后很可能会做另一些不同的事情。即使你在同一家公司工作了很长时间，你的角色也在不断变化。你总是充满好奇心，为了让自己不断学习和成长。你会阅读或观看在线课程，或者定期与想法不同的人交流，或者参加当地课程，又或者以上皆有。

定型心态显然扎根于老一套的工作规则。在学会一门手艺或取得学位后，你将在同一领域工作数年或数十年。但是，正如你已经猜到的那样，新一代的工作规则鼓励你树立一种成长心态，因为你需要不断适应环境的变化。

就算你拥有定型心态，依然遵循老一套的工作规则，你也没有做错什么。但你周围的世界可能已经发生剧烈变化。你可能在工厂、矿井或零售业工作过。然后公司倒闭了，你可能无法在原来的行业找到工作。这不是你的错，但定型心态正是你无法快速适应变化的一部分原因。

为什么心态如此重要?

盖洛普咨询公司(Gallup)一年一度地对美国的员工敬业度进行调查,询问人们对工作的感受——这是一个相当基本的心态问题。2020年,盖洛普发现只有大约三分之一的人认为自己对工作积极投入。其他近三分之二的员工对其组织或工作没有归属感。这些员工表示,只要能拿到比现在稍好一点的待遇,他们就会跳槽。

这是一个惊人的数字,每一位组织领导者都应该高度关注。如果拥有积极心态的员工连一半都不到,那么又有多少人会真心地解决问题并为组织的利益相关者(包括他们自己在内)创造价值?

你的组织究竟有何种心态

心态可以看作组织的总体信念、价值观和行为,有时也称为组织文化。你的公司或许已列好了一个价值观清单,领导们经常谈论这些价值观。这份清单可能包含在人力资源部给新进员工的必读手册中,甚至张贴在公司小食堂的墙上。

但是,许多组织领导者并不知道在他们看不见的地方,员工的行为如何,也不知道这些行为能与组织文化有多大出入。领导者很容易误读自己看到的行为,因为他们的出现会干预员工的行为,为了让员工满足领导者的预期,而摆出另一幅样子。

步骤1：对你所在组织的心态进行快速调查。下面是一个练习，你可以在走廊里进行，也可以在视频通话中进行。随即找到六名不熟悉你的员工，与他们单独谈话，请他们回答以下问题：在这个组织中，一个人想成功需要做的三件事是什么？

如果统一的回答是：①满足客户和其他利益相关者。②遵循敏捷实践。③把每个人都当作伙伴。如果答案是这样，那么恭喜你。（假如这些的确是你提倡的一些心态特征。）

但是，如果统一的回答是：①不要出头。②对领导言听计从。③不要改变现状。那么你现在该知道整个组织风气如何了。

领导者在场往往干预员工的行为，让员工为了满足其预期，而摆出另一幅样子。

步骤2：对组织心态进行全面调查。如果你真的想推动组织心态的重大转变，你就需要全面了解组织当前的心理和行为状态。这需要对整个组织中的员工的信念、他们珍视的价值观以及他们眼中组织的价值观进行广泛调查。

你可以使用众多软件工具或服务。但要允许员工匿名发言，否则会瓦解员工的信任。如果你是组织领导者，想另有所获，不妨问问员工眼中领导者所遵循的价值观。你也许以为自己遵循着组织里口口相传的价值观。但你可能会发现，其他人并不认为你真正做到了知行合一。你应该一探究竟才对。

无论是与员工聊八卦，还是查遍整个组织，你可能都无法得到统一的答案。如果一个组织横跨多国，所雇员工文化、教育背景不同，或者干脆是由几个组织合并而来，那么统一心态往往是一纸空谈。你更有可能发现不同的分支、部门和团队有各自的信念和行为。你可能不会喜欢你得到的答案。

如果你发现组织有统一的心态，其中很大一部分原因可能根植于老一套的工作规则，这样的心态转变起来更有挑战。绩效心态盲目追捧"高绩效员工"，但可能会让其他人消极地以为自己是"低绩效员工"，而事实上，这可能只是因为组织未能激发他们的潜力。质量心态强调可重复的流程和不间断的进步，但可能不利于创新和冒险。弹性心态或许可以防范以威胁为基础的竞争和环境带来的挑战，但也过分强调保护现有资产和市场份额，而忽视创造新的价值。股东心态或许可以保证公司股价高涨，但会使公司陷入短期主义束缚，只追求季度盈利报告好看，并让利润制约创新。

这些老一套的心态中，也许有那么几条是你真正想要的。那正好，你可以借助很多书籍和流程来改进它们。

但我猜你会在组织的关键指标中看到一系列潜在的心态转型面临的挑战。也许组织创新的速度大不如前，新产品创意也在减少；也许顾客满意度在下降；也许员工敬业度可能已跌至谷底，而招聘网站上的匿名投诉有增无减。继续以前的做法，组织既留不住现有人才，也招不到新人才。

问题也可能来自外界。竞争对手开始蚕食你的核心市场；你最赚钱的部门业绩暴跌；在产品线中，你看不到任何能满足"未来客户"需求的东西，就像李夏琳在《破坏心态》中写的那样。也有可能，你受新冠疫情影响不得不裁撤组织的一个主要部门。

也可能这些事情只存在于你的担心中。但无论哪种情况，你都将意识到自己需要催生一种新的心态。

你需要什么样的心态

假设一眨眼的工夫，组织中的所有人就能形成一种统一心态。此时，你最想要的心态特征是什么？

在组织心态的关键方面，你可以选择许多"文化特征"。你会发现，前人在数不清的书籍和咨询模型中，定义了最重要的四种、六种、十种或更多种的企业文化。这些模型最重要的作用不是告诉我们哪种文化可行，而是提供一个在组织中创造共同语言的机会，让我们摸清核心心态需要哪些特征。

我不会直接告诉你组织需要什么样的心态。解答这个问题需要在实现组织愿景、使命和战略的基础上，与利益相关者共

同探索。但四条核心新规则为我们提供了有用的参考，让我们
得以将一些最受欢迎的特征组合在一起。

　　以下是在四条核心新规则的背景下，最常被提及的一些心
态角度。

效率心态

　　具有效率心态的组织往往注重结果。他们希望员工对自己
承诺的目标负责。他们鼓励员工敏捷应变。他们通过目标与关
键成果法（OKR）等工具鼓励问责，这部分我们将在后续章
节中探讨。他们希望人们承担起解决问题的责任，以结果为导
向，并迅速应变。他们始终以数据为导向，鼓励员工根据客观
信息做出决策，但不会过于依赖数据而忽略关键的人为因素。
他们看重决策和行动的速度。他们用鼓励取代管理、有团队向
导心态和"去领导化"的思维。

　　说到具有效率心态的组织，俄罗斯电商公司Avito就是一个
很好的例子，我们将在稍后提到它。

成长心态

　　提倡成长心态的组织会奖励那些追求不断成长和学习的
人。他们希望组织能够最大限度地发挥人的潜力。每一位员工
都需要努力培养一种成长型心态，探索自己的个人学习路径，
这样组织本身就成为一个学习型组织。他们通常由目标驱动，

帮助人们理解和支持组织的价值观，因为这符合他们个人对目标的看法。以成长为导向的组织鼓励全员发展，不仅提倡心态健康，还提倡工作专注和其他指向成功的做法。这些组织往往重视创新，鼓励人们提出奇思妙想并为此承担风险。他们通常鼓励"登月心态"和"十倍心态"。如此，员工才能创造比现有成就更快、更好，更便宜十倍乃至百倍的产品和服务。

亚当·格兰特是《逆思维》（*Think Again*）的作者及热门播客节目《工作生活》（*Work Life*）的主持人。我曾请教他组织最需要提倡的一种心态是什么。他毫不犹豫地回答说："建立一个学习型组织。把'我们从来没有这么做过'和'在这里永远行不通'换成'要是我们……会发生什么'。"

《商业模式设计新生代》（*Design a Better Business*）的作者丽莎·凯·所罗门（Lisa Kay Solomon）将"端到端"的成长心态称为"全栈学习"（full-stack learning），要求把学习过程渗透到组织工作的所有方面。

说到提倡成长型心态的组织，就避不开瑞士制药巨头诺华。我们将在第4章读到诺华公司（Novartis）全球人才总监马库斯·格拉夫（Markus Graf）的观点。

参与心态

具有参与心态的组织是以人为中心的。他们希望组织中的每个人都能以最多元、最包容的方式，用体谅、得体和正直的态度对待同事。从如何设想工作角色，到如何雇用、安置、发展和提升员工，他们将多样性融入一切核心人事流程中。从员工获得何种报酬，到谁说了算，他们努力维持权力机制中的公平。从让谁出席会议，到如何不断在产品和服务中采纳利益相关者的意见，他们重视且提倡开放包容。许多共益企业、非营利组织、非政府组织和基金会都自诩参与心态的头号拥趸。

软件和网站测试公司Ultranauts从成立之日起就将参与心态奉为圭臬。该公司对参与心态身体力行，故而能在竞争中不落下风且保持盈利，在第7章中，我们将从它身上了解到，公司如何做到这一点。

凝聚心态

以凝聚意识为核心心态的组织着眼于实现公司使命和愿景的战略。他们会使用目标与关键成果法等机制来确保项目和员工产出与战略吻合，但他们也有策略来确保多个分布式团队在各个项目阶段相互联系和同步。他们往往看重顾客需求。具有凝聚心态的公司通常最擅长管理分布式工作网，因为他们致力于保持员工、团队和组织目标之间的紧密联系。

在具有凝聚心态的公司中，我认为团队协作软件商Asana是"中流砥柱"。其首席运营官克里斯·法里纳奇将在后续章节阐明如何不断实现自底向上和规模化的凝聚。

四条核心新规则并不相互排斥。你可以也应该尝试以上所有心态。但是，实现心态转变的关键步骤之一是确定优先级。
你永远不可能面面俱到。只要组织的目标、愿景和使命是切实
和统一的，你就会知道组织的心态优先级是什么。

当你的组织需要心态转变时：大重置来了

过去，全球热议的大变局存在于不间断的资讯轰炸中，所
谈无非就是技术突破会改变产业、减少就业机会，以及让技术
尚未抢走的工作大变模样。

后来新型冠状病毒出现了。

许多怀着老一套心态的组织突然变得非常被动。僵化的等
级制度使他们难以重新分配工作。"三只箱子"的用人模式让
他们难以雇到拥有新技能的人。他们在城市里投建的总部臃肿
有余，导致空有巨量资产却不能物尽其用。

如果我在一开始告诉你，你需要用一种新的心态方式为
组织做好准备，以应对变化的速度和规模，你可能会同意，但
你并不会对组织的大转型多么着急。这完全是人之常情。嗅到
危机的战略家如何上蹿下跳地发出预警，作用都不大。我们知
道，经济衰退、技术突破、强势竞争对手、异常天气、战争等
都会对个人、组织、行业、社区和经济产生巨大影响。但是，
当这些重大事件一波未平一波又起地向我们席卷而来，给我们
恢复和应对下一次冲击的间隙就更短了。

这些看似不可预测的事件，对行业、组织和人类生活来说，都会触发重置按钮，数学家兼作家纳西姆·尼古拉斯·塔勒布（Nassim Nicholas Taleb）称为"黑天鹅事件"。近几十年来，人们已经清楚地认识到，虽然"黑天鹅事件"的确切起因和时间往往很难预测，但人们能够预测破坏性事件发生的可能性。

新冠疫情出现，全球大部分国家和地区行业停摆，员工失业，于是我回顾了以往的经济和社会冲击，比如经济危机。我意识到，每一次冲击似乎都有三个阶段：在最初的"跌落悬崖"阶段充斥着不确定性；在"谷底徘徊"的阶段，经济活动的温度走势图在好与坏之间反复摇摆；以及最终的"逐渐恢复"阶段。

2020年3月底，我写了一篇名为《欢迎来到大重置》（*Welcome to The Great Reset*）的文章，并于同年4月初将其发表在Technomy的网站上，我在文中指出疫情对工作、组织和社区的巨大影响，并提出在工作和商业领域"减轻下滑速度"的策略。几个月后，世界经济论坛选择将"大重置"提到议事日程中，恰好世界经济论坛主席克劳斯·施瓦布（Klaus Schwab）与人合著了一本同主题的书（我相信这是一个可爱的巧合）。

组织领导者需要把疫情当作一个警钟。今天是一种病毒。明天可能是竞争对手的新技术和新商业模式，它将颠覆你的整个行业。颠覆整个经济的也可能是一种突破性技术，如通用人工智能、量子计算或核聚变。

你不需要任何新动力来推动组织的巨大变革。全球健康危机加上全球行业和经济反复遭受的打击，应该给了你充足的警示，足以唤醒你，让你参与共创新一代的心态、技能和工具。

如何促进心态的转型

我最常听到的问题之一是：你真的能在一个组织中掀起大规模的心态转型吗？真的有可能改变一个组织的文化，让每个人都接受新的价值观和行为吗？

答案是：可以，但有条件。

在过去，遵循老一套规则的组织会雇用一家咨询公司来传授一套"企业价值观"，这些价值观由少数"高层"领导在一次外出静思会上讨论得来。咨询公司将与"管理层"一起举办更多研讨会，宣传新的价值观。最终的价值清单将张贴在食堂的墙上，招聘经理和人力资源顾问会三句不离里面的内容。

但组织领导者几乎没有动力改变自己的行为。毕竟，过去的做法帮他们达到了组织今天的成功。他们为什么要改变？改变很难，改变很痛。如果领导者没有改变，为什么其他人要改变呢？

个人行为改变也有很多障碍。自认在当前工作中效率够好的人往往不情愿接受改变。一旦心态转变的机会出现，便表明过去的做事方式不再有效，这当然意味着那些做得最好人现在突然错了。

加拿大工作场所安全和保险委员会首席技术和创新官萨曼莎·利西奥（Samantha Liscio）曾说："你正在将'病原体'引入企业环境，所有的'抗体'都想摆脱它。"

那么，什么样的战略能够真正有效地改变组织的心态呢？有三种思想和实践流派分别是：边缘战略、增量核心战略和大规模核心战略。

边缘战略： 约翰·哈格尔三世（John Hagel Ⅲ）曾是德勤前沿中心（Deloitte & Touche's Center for the Edge）的联合主席之一，现在是超越边界有限公司（Beyond Our Edge LLC）的联合创始人之一。他丰富的研究和经验都能证明在组织的核心推动文化变革是多么具有挑战性。哈格尔三世知道，组织领导者中几乎没有人会真正改变自己的行为，这使得组织中的其他人更不可能率先做出改变。哈格尔三世的建议是实施"边缘战略"。具体做法是发起一个新计划或者成立一个新部门，成员可以由上面选定也可以自告奋勇，确保他们已经向新心态靠拢。如果组织领导者对心态转型不太上心，此时边缘战略就更加不可或缺。重点是先改变远离组织核心的一个部分，快速铺开这些边缘计划，就可能形成燎原之势。

增量核心战略：另一种改变心态的方法是在组织的核心中挑选一个或多个有影响力的群体，并关注该特定群体的行为改变。通过使用数字工具分析，员工和团队可以清楚地了解理想的心态和行为，制定激励措施，并使用跟踪机制帮助人们看到自己的进步。同样，如果组织领导者不肯率先做出行为改变，这种方法可能是最合适的。至于具体的战术问题可能需要与特定的团队、部门或子公司一同解决。

大规模核心战略：如果你相信组织领导者能够说到做到，那么大规模核心战略的心态转型是有可能推广的。微软首席执行官萨蒂亚·纳德拉（Satya Nadella）利用该公司著名的竞争文化，推动了一项变革性举措，来培养公司的成长心态。由于纳德拉本人已经具备成长心态，所以他能够身体力行地、言行一致地采用这种方式。

当然，大多数人想的都是不成功便成仁，因此他们想尝试大规模的心态转型。不幸的是，绝大多数时候，这些核心计划都以失败告终。

2019年，企业生产力研究所对全球7000多名职场人士进行了一项研究，其中约三分之二参与了某种组织文化转型计划。结果不出所料地令人失望，受访者中有85%的人没有成功。

想象一下20次尝试中失败17次是什么感觉。也许你已经失败过这么多次，并且知道这到底是个多大的挑战了。

文化会随着时间的推移而僵化腐朽。其背后的原因非常合乎人情，且多是"创新者的窘境"（the innovator's dilemma）和定型心态综合影响的结果。一个成功的组织只要认定某种行为有助于成功，就会鼓励这种行为，不管这种判断是否正确。而对许多人来说，行为改变需要大量的努力和付出。

但希望还是有的。经过观察那15%自称转型成功的案例，企业生产力研究所认为转型是有可能的。但该机构为这一过程提出了另一种说法，将"转型"改称为"翻新"。

对我来说，这听起来有点像盖房子真人秀。我更喜欢"旅途"这个词，因为我所知的文化变革都是从不间断的。但你可能会觉得"翻新"形容得更恰当（尤其你的公司真的要重新装修工作场所时）。

无论是转型、翻新还是旅途，任何心态转变的目标都不是"从众"，这个词感情色彩太重了，它暗示着特立独行的人要受到惩罚。心态转变不是精神控制，也不是群体心态的强制要求。促进成功的心态转变是一个群策群力的过程，这个过程中，整个组织的人会看到老规矩的弊病，就转变指向的目标达成一致，并自愿加入，不仅为了成为转变过程的一部分，更为了帮助推动这一过程。

谁来推动心态转型

心态转变的最大障碍之一是组织的领导者可能不愿改变。很少有人愿意切实地付出时间、做出行动来引导大规模且长期持续的心态转变。如果你在组织中有影响力，并且你想引入一种新心态，那么你必须首先改变自己的心态和行动。你必须让组织中的其他人参与进来，还要慎重选择那些帮你推进这项工作的人。

谁来执牛耳？我曾向"各种官"——首席执行官、首席人力资源官、首席运营官、首席创新官和首席信息官——提出过这个问题。谁最有能力促进组织的心态转变？

我得到了三个相互映照的答案。

首先，毫无疑问，转型的发起人必须是该组织的首席执行官或其他高管。此人必须亲身参与其中，将他和其他高管想要的心态和行动体现出来。此人还需要把组织的利益考虑在内，承担培训的大量财务成本，并向董事会、投资者和其他任何有权过问时间和金钱用途的人解释。

其次，所有与此人直接共事的人也必须参与其中，并证明自己做出了改变。既然领导和同事都参与了转型，组织的其他部门肯定会收到强烈的信号。

最后，转型的发起人必须能随时接触管理层，并力求让管理层的人参与其中，以带动全组织的参与度并体现领导层的重视。

组织中的很多人都可以充当这个角色。有时是首席人力资源官或其他能够影响政策和实践的人力资源主管。有时，首席创新官可以借开发新产品组建敏捷团队，从而更快地推广新一代心态。

有时是首席学习官。首席学习官影响力广泛，因为他们往往致力于组织中每一位员工的发展。组织总是会为员工学习和发展留出预算，尤其是用来帮他们掌握所需技能，因此首席学习官本身就有在转型方面调用资金的经验。首席学习官在组织的主要高管中信誉颇高，尤其是当他们在职权范围内为其他高管寻找和引入培训资源时。

无论是首席人力资源官、首席学习官还是其他什么官，他们都只有在首席执行官和其他高管的坚定支持和预算支撑下才能取得成功。

无论是谁被选中或自愿领导心态转变，都必须确保他们拥有长期权限和充足资源以取得成功。然而，心态转变计划也需要分解为短期步骤，才能一点一滴地看到进展。

案例分析

"去总裁化"心态转型：诺华公司

制药巨头诺华公司总部位于瑞士巴塞尔，拥有11万名员工。马库斯·格拉夫是诺华的全球人才主管。该公司宣称的使命是"重新构想医学，以改善和延长人们的生活"。

"去总裁化"是公司的一项倡议，目标是在组织内培养具有自我意识和包容心态的领导者，这样的领导者能够通过摆明车马、挑起责任、消除障碍以及鼓励和支持他人充分发挥潜力来为团队赋能。诺华公司建立"去总裁化体验"项目指引员工完成个人成长之旅。该项目能让你看到他人的行动转变和自我意识，了解领导者如何在日常工作中对他人产生不同的影响。

诺华公司还推出了一项称为"有责任的选择"的灵活性政策，将责任从"经理批准"转移到"经理知情"，让员工能够自主选择工作方式、地点和时间。诺华公司的目标是让每个人都能在工作和家庭中成为最好的自己，并努力支持和帮助他们获得灵感、满足好奇和"甩掉"总裁。

诺华公司的手笔大得惊人。格拉夫称，诺华首席执行官已经签署了一份重大财务承诺，许诺培训每位员工，并且诺华的300位头部高管都支持这种新心态。格拉夫说："我们有大约2万名管理人员，他们也是这一变化的榜样。"该公司通过员工敬业度得分等指标实时跟踪这项改革，这些指标目前远高于行业水平。

如何实现成功的心态凝聚

企业生产力研究所调查了那15%自称转型成功的案例后，发现有三大环节与成功密切相关，即计划、构建与维护，在这些环节中，又有18个行动普遍有助于取得积极成果。计划包括摸清你的组织拥有什么样的文化，获得组织领导者的支持，并确定转型需要什么条件。构建包括讲故事和大人物的参与。维护要求对现有流程进行调整，使其向期望中的心态靠拢。

例如，我划归在效率规则下的绩效管理必须向期望中的新心态靠拢。如果你不在新的管理语境下谈工作效率，也不对转型计划许以适当的激励和报酬来唤起响应，那么成规模的转变几乎不可能发生。

值得一提的是，声称"翻新"成功的公司中有五分之四的公司表示，公司的首席执行官既投入了所需的资源和时间，又为计划中的新行动以身作则。我不喜欢把首席执行官奉为"英雄"。但是，我们从自己与家人的经历中知道，如果我们仰仗的人不做出表率，那么我们自己就没什么动力做出改变。

企业生产力研究所首席执行官兼联合创始人凯文·奥克斯（Kevin Oakes）在《文化革新》（*Culture Renovation*）中对转型技巧进行了全面的讨论。李夏琳的《破坏心态》也为组织转型提供了很好的参考。李夏琳点出了具有"停滞文化"（stuck culture）和"流动文化"（flux culture）的组织之间的差异，她指出需要在整个组织中建立信任基础，以真正指导心态转变。

案例分析

微软公司的文化转型

2014年，业界几乎没人相信微软公司能带领12.8万名员工完成文化转型。Windows 8操作系统在市场上雷声大雨点小，从微软公司前首席执行官史蒂夫·鲍尔默（Steve Ballmer）继承而来的那套文化则是建立在争吵和内部竞争之上的。彼时，微软公司的竞争对手苹果公司正凭借创新崛起。在重要的云计算新版图中，亚马逊公司占据了27%的市场份额，微软公司却以10%的份额"陪跑"。

新任首席执行官萨蒂亚·纳德拉面临着一项艰巨的任务。他决定要改变企业文化。正如他在《刷新》（*Hit Refresh*）一书中详细介绍的那样，纳德拉很快让公司走上了一场文化转型旅途，并声称自己迈出了第一步。

到2020年年底，微软公司的云计算市场份额几乎翻了一番，达到19%以上，而亚马逊公司的份额也进一步增长到32%。2021年年初，纳德拉宣布，微软公司上一季度营收增长了17%，利润惊人地上升了33%。

为什么要举微软的例子？原因是微软公司规模之大和转型速度之快。很少有大型组织在如此短的时间内成功地完成心态转型。

假设你要加快这段旅途，你应该遵循哪些步骤？无论你决定采用边缘战略、增量核心战略还是大规模核心战略，不妨看看我通过分析不同的组织转型模式发现的常见步骤。这些步骤包括：

● 盘点：组织当前的心态是什么？文化的压舱石是什么？组织鼓励哪些行为，不鼓励哪些行为？这些行为在整个组织中是否上行下效？组织有亚文化吗？有的话在哪里，这些亚文化之间有什么不同？进行盘点不是做策划，而是要确定组织现在实际拥有什么。

● 动力：推动心态转变的是什么？虽然把原因归咎于外部威胁很省事——"如果我们不先下手为强，竞争对手就会吃我们的午餐"——但请往积极的方面想想，让我们畅想一下未来的机会。你如何将可能的未来具象化，让组织内的每个人都认为它与自己未来的成功密切相关？

● 设想：你和其他利益相关者认为组织应该具备什么样的心态？这种心态及其相关行为与组织的目标、愿景和使命有何关联？这个共同创造的过程必须群策群力，不仅囊括整个组织的领导者，还包括一线员工、客户和合作伙伴。使用设计思维或类似的工具，确保设想过程始于同理心。把设想作为一个机会，以此确定你是否需要修改组织关于其目标、愿景和使命的声明。

● 排序：没有组织能在每个方面都很完美。让组织实现目标最起码需要哪些心态、行为和价值观？如果你做了那些优先级较高的事情，会得到你想要的结果吗？

● 打样：为了检验你构想的新心态是否管用，最简单的方式是什么？组织中是否有些部门已经换上了新心态，你能否将其作为一个范例？花上几天或几周，与一个或多个小组一起内测你想推广的心态，评估你的方法是否真的改变了心态模式。不要只问别人的想法，要观察他们做什么。

● 表率：那些被视为组织领导者的人想迈出第一步，必须真情实意、言行一致地在行为和沟通中体现新一代心态。他们必须将自己的努力开诚布公且乐于接受批评。这很难，但一定要让别人看到你的努力。

● 沟通：通过不懈的沟通，让每个人都站在同一阵营。写一份宣言，学会如何讲故事。

约翰·哈格尔三世在其著作《超越恐惧的旅程》（*The Journey Beyond Fear*）中，对画大饼（没有落脚点的设想）和讲故事（有开始、中间和结束）进行了区分。组织需要一个可信的故事来解释它为什么要经历转型。典型客户和其他利益相关者的例子、体现新一代心态方式的员工的事迹，以及对组织使命和愿景的描述，都是转型故事的素材。此外，该有的仪式也少不了，如对突破性成就和个人发展的认可，借此向他人发出有力的信号，告诉他们新的心态和行为方式是有必要的。

案例分析

你的心态宣言：向Avito学习

2020年，Avito成为俄罗斯最大的"二级市场"平台，通过在线市场，其他企业可以转售从汽车到工作岗位的所有商品。作为分类广告巨头OLX集团的子公司，Avito一直提供新的服务，巩固了其市场领先地位。OLX集团本身也是荷兰零售巨头Naspers的子公司。Avito拥有2500名员工和4亿美元的年销售额，任何客观分析都会显示，这是一家灵活、善于变通的公司。

然而，Avito首席执行官弗拉基米尔·普拉夫迪维（Vladimir Pravdivy）并不满意现状。

普拉夫迪维责成他的团队撰写一份宣言，描述他们希望促进的心态转变。从很多方面来看，这家公司已经是新一代组织。它已经是自己领域的领导者。它的产品和流程已经高度数字化，并且已经在向高端市场进军，为其交易产品附加更多服务。

然而，还有一个始终存在的重点，即持续向前推进。Avito想确保新一代心态触及组织的每个角落。因此，该公司发起了一项文化转型计划，以确保公司始终支持新一代心态。他们的宣言回答了这样的问题：我们要建立什么样的组织？我们的价值观是什么？领导行为对我们来说是什么？我们想要创造什么样的环境？

普拉夫迪维直级下属的投入程度令人欣慰。在第6章中，我将讨论Avito高管团队中百花齐放的盛况。我得花几个小时才能细说这些人物有趣的生平。可以说，Avito的高管层绝不仅是顶着工商管理硕士（MBA）光环的泛泛之辈。

　　Avito宣言是一个很好的例子，它说明了领导层需要为文化转型计划制定和传播这种心态转型声明。

　　● 行动：鼓励特定群体采取具体行动，以体现新心态。如果转型旅途始于组织中每一位员工对学习计划的承诺，那么让领导团队公开他们自己的学习计划，并发布最新进展。当团队上行下效时，这种近朱者赤的行为信号会扩散到整个组织。

　　● 调整：举办研讨会，帮助人们实践新的心态和行为。根据新心态优化招聘、入职、审核流程和晋升流程。而且最重要的是，确保激励和薪酬符合新的价值评估体系，尤其是对整个组织的团队向导（你也可以称他们为经理）而言。

　　● 衡量：如果你成功了，你怎么确定呢？哪些数据驱动的线索能帮助你跟踪转型进展？肯花心思调查固然好，但和打样环节一样，你应该关注人们实际做的事情。确保这些数据是公开的，让所有利益相关者都能看到。如果你需要一些建议，企业生产力研究所恰好提出了一个"健康文化指数"，你可以根据这个指数给自己打分。

　　● 迭代：成功的心态转变不是什么变革管理练习，这是一个永不停歇的过程。

你可以称为螺旋上升法。实际上，这些步骤通常都不是一条直线（见图3.1）。你将与团队一起探索使用场景，以确定如何执行这些步骤。

一个警告：如果你的组织经历过多次"转型"演练，你可能会觉得向新一代心态转变又一个无用的噱头。正如美国作家小查尔顿·奥格本（Charlton Ogburn Jr.）所写的那样，"我们倾向于改变自身来应对一切新情况，这是一种极好的方法，可

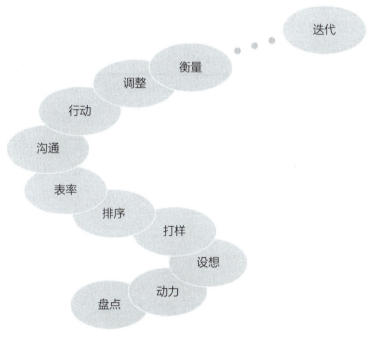

图3.1 心态转变螺旋上升法

来源：Charrette LLC。

以用虚假的进步欺骗自己，同时带来困惑、拉低效率和消磨士气。"不要这么想，要把转型过程当作一个机会，这个机会能让你看清局面、提高效率、重整旗鼓。

更正：也许任何人都可以助推心态转型

企业生产力研究所的分析清楚地表明，组织领导者必须是心态转型的倡导者。但是，如果组织领导者不做出表率，会发生什么呢？

答案是：坚持与回应。

在组织实施凝聚战略的漫长历史中，转折点出现在1990年，当时哈佛商学院教授罗伯特·S. 卡普兰（Robert S. Kaplan）和管理咨询公司诺兰诺顿的联合创始人戴维·P. 诺顿（David P. Norton）推广了平衡计分卡（Balanced Scorecard）。平衡计分卡为组织的绩效提供了一套统一的衡量标准，覆盖开发和跟踪过程中的每个职能部门。20世纪90年代初，我担任《网络计算杂志》（*Network Computing Magazine*）主编时，参与了平衡计分卡团队的一个项目，与金融服务业巨头美国第一资本金融公司（Capital One）等使用过平衡计分卡的公司密切合作。给我印象最深的其蕴含的心态，它助人了解如何让整个组织步调统一地跟着战略走，并意识到自己在其中的责任。卡普兰和诺顿最终在2001年出版了《战略中心型组织》（*The*

Strategy-Focused Organization），对采取这种方法的组织进行了详细的案例研究。

几年后，我已是一名独立顾问，一家小型银行创新团队的经理请我为该集团制定未来一年的战略目标和计划。我建议他们使用平衡计分卡，并问他公司的战略目标是什么。他的回答是：他不知道。

这不是他的错，毕竟公司定下战略目标的过程并不是人人都能参与的。但如果缺少这一信息，他该如何确定团队的目标呢？

在记分卡项目中，我从美国第一资本金融公司团队了解到，他们当时广泛采用的一种文化做法被称为"坚持与回应"我听说它是这样发挥作用的：

作为项目负责人，你不可避免地会对整个组织中的其他人产生一系列依赖。

有时，其他高管正经手项目的关键环节。如果你需要从他们那里得到一些东西，但他们却没有回应，那么你的项目就停转了。例如，如果你的项目需要会计部门的人通过预算申请才能继续，而他们没有任何答复，那么你就遇到了死胡同。

"坚持与回应"的做法允许你将预算发送给会计部门的决策者。你可以向他们"坚持"，说你肯定他们会通过预算申请。如果他们在一周内没有"回应"，你就甩开手继续干，就当他们已经签字了。与此同时，组织的文化允许你进行拥有这种程度的自主权。

一周过去了。你告知会计部门你已经把项目往前推进了，然后默认他们已经给你放行了，继续忙你自己的。

我建议这位客户使用"坚持与回应"，这样他就可以完成他的计划。他"坚持"了自己眼中公司来年的战略目标，让自己团队的目标与公司的预期目标统一，并向总裁提交了计划报告。

几个月后，我和这位客户联系，看看进展如何，他告诉我应该和人力资源部谈谈。一位人力资源主管告诉我，这位客户已经向总裁提交了他的计划，总裁看了立刻想到，"公司的战略目标是什么？"这同一个问题继续传到管理层的上游，直到一位够分量的高管意识到公司里存在这么个真空地带。最终，整个组织实施了平衡计分卡流程，以实现公司内部步调一致。

这就是为什么当别人说自己"只是机器上的一个齿轮"，或者自己在组织中没有任何影响力时，我往往不敢苟同。当然，你可能没有100%的能力来实现你想要的改变。但是你可以发挥自己拥有的那部分能量，并以一种积极参与和真挚诚恳的方式去做。这就是为什么组织内处于任何位置的人都能助推变革。

现在，我们已经探索了整个组织的心态变化，对于个人和团队来说，解构这一过程在基层是什么样子很重要。正如你将在下一章中看到的，在个人层面的心态转变中有一个关键因素：问题解决者的心态。

第4章

员工和团队解决问题的心态

你像马达一样为解决问题转个不停。这很好，因为基于新一代规则的工作将越来越以问题和项目为中心。

你解决问题的方式是运用你的认知，而认知是一套帮助你处理信息和做出决定的心理功能。这些复杂的认知机制实际上是由几个基本动机引导的。你越是理解自己的动机，就越能更好地解决今后富有挑战性的问题。你可以改变自己的认知，成为更好的问题解决者，你也可以教别人如法炮制。

团队是一群问题解决者，这些人具有一系列共同的特征。逐渐地，你会发现要招揽新的问题解决者，只能通过加倍努力实现组织的目标。

魔杖时间

我一挥魔杖，突然之间，你和我都缩小到肉眼难辨。我们即将开始一场惊心动魄的人脑探索之旅。

我们通过脊髓进入脑干和大脑。最大的部分是大脑，其外层的大脑皮质是我们复杂心态运行的地方。枕叶负责处理视觉信息，颞叶分管声音和语言。脑干旁边的是丘脑，它勤勉地调控我们的意识，而下丘脑通过脑下垂体与内分泌系统协调，内分泌系统负责产生激素。

积极的工作动机可能来自这些激素的影响，这些激素是我们大脑周围分泌的增强积极性的神经化学物质。多巴胺是激素和神经递质经过大脑中的四条主要通路产生的微小波动，当我们需要朝着一个目标努力时，就会产生多巴胺，当我们实现这个目标时，多巴胺的分泌量会更大。当我们处于可信环境时会分泌催产素，增强安全感。这是早期人类的一种生存反应，它能让我们知道，剑齿虎抓不到我们时，我们可以放松警惕。当我们觉得自己很重要时（也可能是在会议或社交媒体上凌驾于他人时），就会分泌血清素，这种情况在动物身上也会发生，尤其是当动物占据一种资源时，比如成为族群中的头领。当我们感到压力或身体疼痛，或达到身体极限时就会触发内啡肽，产生愉悦感。当你为了赶工而熬夜，身体快要累垮时，这种反应可能会很有用。

在物理层面探索大脑对于理解心态至关重要，因为大脑的元物理（抽象思辨）功能是建立在大脑的物理功能之上的。而心态是我们解决问题的场所。

你的身体是一个复杂适应生态系统

现在我们变回了正常的大小，花点时间来赞叹一下你的身体。

你体内大约有30万亿个细胞。你还大约携带了100万亿个细菌，它们构成了你体内的微生物群，这是一个复杂共生的微生物群落。你的大脑大约有860亿个神经元，接近银河系中恒星数量估计值的下限。你的眼睛的分辨率约为5.76亿像素，是4K电视屏幕密度的70倍。你的身体分泌大约50种激素，它们调节大脑和身体的多种功能。所有这些因素都以复杂的方式相互作用，让你在工作和生活中调用心态，从而做出相应的行为。

从你出生的那一刻起，你不断成长的年轻头脑就一直非常努力地研究你这副复杂适应系统，并处理来自周围世界的信息。你必须弄清楚自己看见了什么，事物的名称，以及事情是如何运作的。你由一个嗷嗷待哺、要别人换尿布的婴儿开始，逐渐掌握在纷繁世界中独立生存的规则。

一路上，你尝试了很多东西。你犯了错误，这不叫"试对"，而叫"试错"。我们都会犯错误，有时错误还很多。

好消息是，我们从小便可以在错误中学习。自称"职业疯狂科学家"的薇薇安·明（Vivienne Ming）是我最推崇的认知神经科学家和人工智能专家。根据她的说法，当事情有点困难时，我们实际上会学得更好。当我们长大后，当其他人影响我们对犯错的看法时，我们才可能抛弃"在错误中学习"的心态，开始换上"错误就是失败"的心态。

随着时间的推移，你与其他人的互动越来越多。在一个叫作学校的地方，一些同龄人加入了你的学习之旅。由于我们都在不断地尝试和学习，你会发现解决问题和实现目标也可以是一项团队运动。

你，问题解决者

在其他章节中，我们重点介绍了四条新一代规则。因为解决问题和提高效率非常重要，所以本章的大部分内容将提供一系列观点，以改进我们解决问题的心态，以及如何让更多不同的问题解决者进入组织，尤其是那些由目标驱动的人。

当然，并非生活和工作中的一切都与解决问题有关。快乐通常不是出于解决问题的需要，而是为了确保自己玩得开心。但在工作中，经常有一个问题需要解决。无论你只是想提高自己的工作效率，还是想帮助指导团队的工作，了解你神奇的大脑功能，可以帮助提高你控制自己心态的能力，也能帮助他人做到这一点。

这些功能被称为认知。（当我要求你的大脑思考认知这个词时，就叫作元认知。有点像套娃，对吗？）

记住，究其根本，工作只关乎三件事：运用技能，完成任务，解决问题。这就是人们付钱给我们的原因，也是我们付钱给别人的原因。解决问题，这就是我们为组织的客户和其他利益相关者创造价值的方式。

如果你在装配线上工作，执行重复的任务，比如组装一组组件，那你就是一个问题解决者。每次组装这些组件时，问题就解决了。然后继续组装下一组。如果你是一个领导者，你会帮助其他人解决关键的问题，小到人事聘用，大到经营方式。做出决定，问题就解决了。

我父亲的《你的降落伞是什么颜色？》是全球最经久不衰的职业手册之一。多年前，当他在撰写此书时，他意识到，如果人们把自己定位为解决问题的人，他们就更有可能获得雇用。他建议求职者无论目标公司是否存在职位空缺，都要对其进行深入研究，这样就能告诉有权雇用自己的人，自己了解该组织面临的问题，以及为什么自己才是能解决这些问题的人。

这就是为什么解决问题是新一代工作规则的基本心态。这也是提高效率的关键，是第一个核心新技能。我们都想提高工作效率，因为这有助于创造价值，并带来众多回报。

这就是你的大脑解决问题的方式

解决问题的心态始于一个非常明显的前提，即许多问题都有解决方案。就像第2章中的登山比喻一样，如果你有登山者的心态，你就为你将遇到的问题做好了心理准备。

当你带着问题解决者的心态走进房间时，你已经具备了应对潜在挑战的心理框架。一开始你可能没有理想的信息、资源或时间（这是初创企业普遍缺少的三样东西）来解决问题，这并不会吓倒你。你的心态是，首先要确定问题是什么，然后确定走向解决方案的最有效步骤。

当然，与之相反的心态也是显而易见和在所难免的——因为如果你认为自己无法解决问题，那么你的想法可能也是对的。

查姆·古根海姆（Chaim Guggenheim）是以色列耶路撒冷费厄斯坦研究所的前首席执行官，也是教育科技新秀Cognitas的联合创始人。Cognitas致力于培养思考和学习技能。该研究所是在心理学家瑞文·费厄斯坦（Reuven Feuerstein）的突破性工作基础上成立的，他证明了智力实际上是流动和可变的，并在解决问题的语境下对"学会如何学习"的机制有了深入的理解。

基于费厄斯坦的研究，古根海姆指出，当我们遇到一个独特的问题或设想一个目标时，我们应遵循四个步骤或阶段。下面是古根海姆的认知积木模型，它提供了一些非常实用的方法来改进我们解决问题的心态（见图4.1）。

首先，当我们遇到一个新问题时，会有解决问题前需要做的步骤，我们必须决定是否要接手。这可能是一个即时的决定，也可能是一个更复杂的过程，其本身就是一个需要解决的问题。如果看到一栋建筑的门上锁了，你或许不会当回事。但

图4.1　Cognitas认知模型

来源：Cognitas Thinking Solutions Ltd。

这个锁也可能阻碍你获得急需的东西，比如上厕所。

一旦我们决定解决这个问题，我们就需要收集信息。如果摆在我们面前的是一个物理问题，我们可以东摸西找。如果是基于信息的问题，我们或许能找到足够的可用信息，例如同事在电子邮件中的概述。也可能，我们需要开始从各种渠道收集信息，来理解这个问题。我们也会在记忆中搜索，看看以前是否遇到过这个问题，如果我们已经解决过类似的问题，或许就能如法炮制。

我们还要努力从铺天盖地的日常信息洪流中，找出可靠和相关的信息。这很难做得井然有序又面面俱到，但如果我们要制定准确有效的解决方案，这便是每个人都必须完成的关键任务。

如果它是一个我们以前从未遇到过的新问题，那么接下来我们将处理收集到的信息。我们使用灵活的技巧，比如定义、分析、分组、比较和综合，这样我们就可以把信息归纳成某种可消化的形式。

我们解决问题的认知的第三步是将信息抽象化。我们大多数人无法在头脑中储存大量数据，因此我们提取信息，创建新的规则和概念，并以有用的方式将不同的信息块连接起来。我们寻找模式、提出假设再检验这些假设，看看我们收集的信息是否支持假设。

现在我们已经准备好解决这个问题了。

终于，学习过程派上用场了。我们在现实世界当中，以理想的方式重复我们的学习过程，以巩固我们的理解，使之成为一项成熟的技能。如果我们想让这个过程帮助我们改变自己，我们需要问自己，"这在我的工作或生活中还能应用到哪里？"

请注意，根据问题的复杂性，解决起来不一定是一个线性的递进过程。当我们努力理解问题并探索可能的解决方案时，我们会在这些阶段之间循环。

关键是要意识到这一过程，不断磨炼和提高解决问题的能力，并不断努力达到精通，这将有助于我们在未来解决日益困难和复杂的问题。

在你的头脑中，所有这些功能在一个过程中协同工作，这个过程更像是一个网络，而不是一个单一的线性心态引擎。就像动画电影《头脑特工队》（*Inside Out*）中呈现的一样，我们一般通过一个网络化的过程来做决定，大脑的各个部分提供信息和动力，最终导向一个决定（即便你决定不做出决定，它也是一个决定）。

让我们看看现实世界中的一个例子：

假设你听说客户对你的产品或服务的使用率突然下降。这听起来是一个需要解决的重大问题，所以毫无疑问，你想着手解决。

你需要先收集信息，看看是否能确定使用率骤降的原因。因为以前也有过用户使用方面的小问题，所以你在长期记忆库中有一些经验，你可以借鉴这些经验，以帮助指导你进行信息收集。当你收集信息时，你开始对其进行处理和组织，分析各种形式的信息（如原始数字和图表），将信息分类（如客户行为和总体经济趋势），确定哪些信息与问题相关，哪些可能与问题无关，为"可靠"和"可疑"等数据源添加标签，将信息源并入"行为"和"产品可用性"等分组，并将所有这些与记忆库中过去类似的问题进行比对。

现在你开始将信息抽象化。在纽约、阿姆斯特丹和迪拜，似乎呈现一种客户使用率下降的模式。这三个地点有什么相似之处？你提出了一个假设，怀疑他们使用的云计算服务器可能出了问题。你检验了这个假设，但在数据中找不到任何差异，于是你推敲这个假设，发现它不可信，然后放弃了它。你又重复了十几个假设。竞争对手是否发起了营销活动？每个地点是否都有不同的下降原因？你可以根据你掌握的数据进行反复测试。一个假设看起来得到了数据的支持——是的，在下降开始前一个月，一家竞争对手似乎在这三个市场上进行了大规模营销活动——你便收集更多信息，并将其与假设进行再验证。

好了，现在你觉得你弄清问题了。原因就是竞争对手的营销活动。你将这些信息应用到一个新的解决方案中，自己模拟出一场新的营销活动需要的因素。你看了看预算，确定公司能负担得起，然后向上级发文请求批准。

当你在工作中再次遇到重大问题时，无论是为了弄清楚为什么某款软件不起作用，还是要解决由群体中复杂机制产生的社会问题，都要关注你自己解决问题的过程，而不仅仅是解决方案。你有没有以问题解决者的心态处理问题，你是否相信自己能找到解决方案？你采取了什么步骤？在收集、处理、抽象化或应用信息方面，你还能想出些不同的做法吗？

你能把同样的步骤教给别人吗？

优化你的问题解决引擎

如果你想出的第一个解决方案有效，那就太好了。但如果没有呢？正如我之前所说，经过你幼时学习的过程，你已成长为一个"试错"的引擎。你的认知是通过犯错误，判断哪些东西不起作用，接着调整，然后再试一次。但当其他人看到这些错误并做出反应时，我们可能会得到一组新的信息，从而认为失败是"不好的"，于是我们开始厌恶犯错。老一套的规则和组织文化将这种厌恶感烙进了其基因中，所以他们不仅避免冒险，而且鄙薄和回避冒险。

这就是为什么初创企业总说要把"拥抱错误"作为创新过程的关键。如果你不被允许犯错误，你会把解决方案局限于那些成功概率最大的方案，这意味着你可能永远不会冒风险。埃丝特·戴森（Esther Dyson）是健康管理公司窈窕男女（Road to Wellville）的创始人。请记住她的话："要不断犯新的错误。"

在你的工作中，你不断遇到并解决一系列问题，从简单的问题"我午餐吃什么？"到复杂的问题"我该如何解决这个已经研究了一个月的问题？"。你可能会先解决午餐选择的问题，因为这是一个低风险的决定。但是工作的重压可能会让你不断地为那个大问题而纠结。

请记住埃丝特·戴森的话："要不断犯新的错误。"

案例分析

像问题解决者一样思考

我在20岁出头的时候学会了解决问题的基本方法。当时，我的工作和生活漫无目的。我随便尝试了一些工作。（其中一份工作是我跟着父亲学习，尝试成为职业顾问。但我最终发现，这不是我想走的路。)

我曾在旧金山湾区找到一些临时的办公室工作。在20世纪80年代初，担任管理职位的人很少会打字，这为那些会用键盘的人，创造了很多低薪的工作。像万宝盛华（Manpower）和Kelly这样的猎头公司会接到客户的订单，雇用我这样的人为一个项目工作一天、一周、一个月或更长时间。今天我们称之为零工。我可以接到很多这类项目来赚取我的房租。但这种工作常常让人头脑麻木、精神不振。

逐渐地，我打字的设备换成了一种被称为个人电脑的颠覆性技术。许多小企业购进这些早期的个人电脑是因为它们价格低廉。但他们根本不知道如何有效地使用它们。事实证明，这是一个我知道如何解决的问题。

我开始找外包公司接电脑相关的工作。早上我会去客户的办公室，阅读电脑的软件手册，下午我会向他们展示如何更高效地使用电脑。其中一些办公室生产力程序有被称为"宏"的基本编程语言，所以有时我会通过创建简单的宏程序来自动化基本任务，在我离开后，办公室工作人员可以继续使用这些宏程序。

我考虑过从湾区东部搬到硅谷。不过，我认为自己错过了高科技井喷期。1984年，微软公司和苹果公司早已是大公司了。似乎所有的重大创新都已经问世了。一个人怎么可能想出使用电脑的新方法呢？

但我不想继续替别人打字，我想要一个更大的挑战。于是我搬到了硅谷北边的旧金山半岛，并通过当地的外包公司找到工作。我问就业代表："你们与电脑相关的最难项目是什么？"

这位代表拿出一份夹满清单的文件夹，翻到一张工单便停了下来。"有一家叫TeleVideo的公司，他们正在寻找一名质保测试工程师。"她抬头看着我。"我们不清楚那是什么，但我们推荐的人选都被他们拒绝了。"

我答道："这活我接了。"

我开着我那辆破旧的小汽车来到那家公司在加利福尼亚州森尼韦尔的办公室，向公司的质保主管道恩·格里菲（Dawn Griffey）介绍了自己。

我告诉格里菲，我可以做软件测试工作，但我不能接受那么低的工资。于是我提出了另一个条件。给我双倍的工资，如果一周后我完不成她想要的工作，她可以解雇我。

结果成功了。格里菲选择相信我——一个没有目标、没有大学学历的年轻人，让我进入了高科技世界。我学到了一些解决问题的最基本方法。

后来我发现，他们测试的是网威（Novell）的NetWare软件，它是最早的个人电脑网络管理软件之一，TeleVideo打算将其重新贴标、封装然后转售。几个月后，测试完成，该软件将在TeleVideo的硬盘上发布。但该公司的培训部门刚有几名经理和培训师离职，于是我成了当时公司里最了解这款软件的人。

啊！又一个需要解决的新问题。我提议公司雇用我来设计和讲解培训课程。我最终成了销售培训部门的主管，这帮我在高科技领域的迈出了第一步。

解决问题的动力是什么：快乐还是痛苦

我们不清楚绝大部分"做决定前"的过程。但其实，我们经常会在这类心理活动中做出一些决定，采取某些行动，并在事后为自己为何这样做找个理由。这是我最喜欢的行为经济学家丹·艾瑞里（Dan Ariely）的观点，他是美国杜克大学福库商学院的行为经济学教授。

艾瑞里曾经历了一场火灾，他的全身烧伤面积达70%。在医院治疗期间，他想知道为什么护士在护理烧伤患者时，要遵循医生的某些指示——即使这往往会让患者更痛苦——而不能凭自己的直觉行事。他想知道，为什么我们不断地做违背自己最大利益的事情？

艾瑞里最终成为世界顶尖的行为经济学家之一，他的TED演讲观看次数超过1500万次，并著有《怪诞行为学》（*Predictably Irrational*）等书。艾瑞里的工作吸引人的原因之一是，他不只是假设人类认知的工作方式。他通过对人类行为的实际测试来进行现实世界的研究。他的结论往往出人意料地与直觉相悖，让作为理性生物的人类听了都感到不安。

艾瑞里将人类的动机归结为两个因素：我们追求快乐，同时逃避痛苦。就这么简单。人类的千秋功业便由这两个基本因素驱动。

权衡苦乐在一定程度上就是心理学家所说的"投入产出计算",即在做出决策前,预测我们需要对一项活动投入多少努力。拖延症通常是心理计算的一种产物,这种计算会考虑某件事现在就做与推迟到以后做(通常被高估)可能带来的痛苦,以及选择推迟可能导致的痛苦(通常被低估),并得出一个"答案",即现在做某件事可能需要投入多少努力。结果往往让人选择推迟。而且,正如艾瑞里所说,我们经常在事后编造一个完全虚假的理由来解释我们为何做(或没有做)某事,好让自己心理过得去。

我们每个人都有不同的动机来解决不同的问题。你可以把动机简单地分为积极的和消极的(快乐和痛苦),以及内在的和外在的。当我们年轻的时候,我们最初的动机有内在的,比如好奇心,也有外在的,比如讨好父母或老师。随着年龄的增长,动机来源可能会更加复杂,比如从薪水到自我提升的积极动机,还有消极动机,比如担心在工作中表现不好而引起不良反响。

你是否经常问自己,做某事是出于自己的动机,还是想要避免得罪别人?你的行动是出于积极动机,还是为了逃避消极动机?你采取某一特定行动(或不采取行动)的动力可以构成一张复杂的维恩图,其中包括你的信念和价值观、你的过往和经历，以及你对自己将经历的快乐或痛苦总量的预估（见图4.2）。

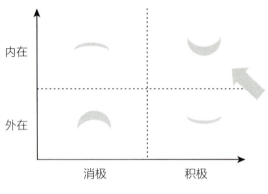

图4.2　动机的象限

来源：Charrette LLC。

这就是将游戏机制融入学习和工作中能够提升效率的原因之一。游戏不仅仅是解决问题的场景，它们也提供解决问题的动力，在各种场景下带来痛苦（失败）和快乐（胜利）。

案例分析

破解你自己的认知：小习惯

如果你负责帮助一个经常拖延的人指导他的工作，你可能会发现，一个很有效的做法是，让他们别再不停做"投入产出计算"，以免不断地拖延下去。

随着年龄的增长，我们养成的习惯模式可能对我们非常有益，也可能会持续损害我们自身的利益。如果你经历后者的情况更多，我这有一些绝妙主意，能帮你说服自己的大脑：解决问题对你自己有利。这些主意来自美国斯坦福大学行为设计实验室的创始人B.J. 福格（B.J. Fogg）。

福格开发了一个培养积极习惯的人类动机模型。习惯本质上是我们养成的一种默认行为，它可以减少做出行动决定时的认知负荷。我们每个人都知道很多对自己有益的行为，从健康饮食到经常锻炼。当我们不习惯重复做这些事情时，我们大脑中的认知网络通常会做出逃避痛苦（锻炼）或拥抱短期快乐（再吃一块巧克力蛋糕）的决定。一天中有太多微不足道的决定（"再吃一口……"），因此大脑很少让额叶皮层把所有这些小决定的影响加起来，以衡量我们真正付出的代价。

福格发现，我们通常会综合考虑一项任务有多容易或有多困难，再与自己预期的回报比较，以此决定是否做某些任务。如果我们认为一项任务很容易，但回报对我们来说不是很丰厚，我们就不会采取行动，也不会重复这个行动来养成习惯。如果奖励对我们来说很有价值，但我们必须非常努力工作才能获得奖励，我们也不会采取行动或主动养成习惯。

这些都是"认知破解"，我们可以采取行动来影响自己的心态和行为。我们也在不断地对周围的人进行认知破解。从出生开始，我们学会了如何得到我们想要的东西，从吃东西和换尿布开始，我们就知道哭声可以吸引大人来帮助我们。当我们破解周围人类行为的密码，学习如何利用痛苦（"我要跟妈妈告状"）或快乐（"我把玩具给你玩"）来得到我们想要的东西时，我们的认知破解就变得更加复杂。

我听到你的试错引擎在响了。如果你想做些练习来直观地上手，可以到我在领英学习平台的相关课程中找到各种各样的练习。

***

动机没有对错之分。重要的是要知道你通常默认的动机类型，以及这种动机对帮助你实现目标的有效性。你越注重培养自己的内在动机，你就越能控制自己的决策。

团队是一群问题解决者

我们已经了解了个人有效解决问题的心态，现在可以深入研究高效团队的心态。令人高兴的是，越来越多的人开始了解让团队保持高效的要素。

请注意，我说的不是"高绩效"。你可能认为，高绩效心态模式最适合你所在组织的文化。而我更喜欢关注高效团队（新一代规则第一条），因为他们的心态是为客户和其他利益相关者创造价值。

对团队效能最著名的研究之一是谷歌公司的亚里士多德项目（Project Aristotle）（与亚里士多德画布无关）。谷歌公司的研究显示了高效团队的五个关键特征。它们分别是：

● 可靠性：团队成员努力履行他们对彼此的承诺（在新一代规则中，这既属于凝聚心态也属于成长心态，它让每个团队成员都能胜任自己的角色）。

● 结构和清晰：明确的角色、明确的计划和明确的目标能让团队的工作更加清晰（在第8章，我们将讨论如何通过目标与关键成果法等战略工具向这方面看齐）。

● 意义：团队成员都相信他们的工作有价值（凝聚）。

● 影响：团队的工作将为组织的一个或多个利益相关者创造价值（凝聚）。

● 心理安全（这也许是最重要的）：团队成员可以放心地承担风险，提出大胆的想法，并且对彼此开诚布公（参与）。

在这个列表中，我想再添加一个心态因素，这是谷歌的一项名为"氧气"的早期研究中包含的：

● 心理多样性（加强版的参与）：如果房间里的每个人都和你的情况差不多，并且有相似的背景，那么你的团队成员可能会有相似的偏见和心理框架。而团队成员拥有多样化的背景、观点、社会经济地位和过往经历，可以极大地提高解决新问题的集体心态。（那些心理多样性不错的团队经常遇到的一个挑战是成员之间缺乏信任，这当然是不安全的心理状态。这就是为什么我要构建一个可信环境。）

这些团队心态实践的重要性在分布式团队中得到了放大。员工在固定场所之外工作得越频繁，团队就越有意识地不断调整解决问题的心态方式。

为你的"问题解决者"团队赋能

以下是一个思维练习，它可以帮助团队指导者增强团队能力。

假设你领导一个团队。星期一早上，你来到办公室，告诉你的团队，"我今天不会留在这很久。我要你们每人拿一沓便签，写下一个你自己在给定的一周内经常解决的问题。每个便签写下一个问题，并在上面写上你名字的首字母。然后在白板上尽可能多地列出你们每个人能想到的问题。"

（当然，如果你领导的是一个分布式团队，可以使用在线头脑风暴工具）

"只要从中看到规律，就把你们每个人解决的问题组合在一起。尽量在组合上达成一致，但不要太刻意，也不要抓着一种组合方式不放，因为它可能会改变。"

你在星期二早上做的第一件事就是告诉团队成员，"我今天也不会多做停留。拿一张与昨天不同颜色的便签，我要你们每个人都写下一个任务，你在给定的一周内完成这个任务来解决一个特定的问题。每个便笺写下一个任务，再写上你名字的首字母。为你之前列出的每个问题都分配一个任务。写下尽可能多的任务，并把它们都写在白板上。老样子，按规律将他们分组。"

转眼到了星期三早上，你可能已经知道下一步怎么做了。你要告诉你的团队，"我又要走了。但今天我想让你们每个人都拿一张不同颜色的便笺，写下你们完成这些任务和解决这些问题所使用的技能。每张便笺写一项技能，加上你们名字的首字母。然后把所有这些技能写到白板上，列在你们完成的相关任务旁边。但无须将这些技能分组。"

星期四，你指示团队，"今天，我希望你们大家共同努力，重新组织所有的问题、任务和技能。

"把问题放在白板的中心，用你觉得有道理的方式把它们组合在一起。如果你对某些问题的本质有了新的见解，就重新定义它们。

"把所有技能与具体问题联系起来。拥有最匹配技能的人是否将其用到了正确的问题上？如果你发现缺少一些对解决某些问题至关重要的基本技能，请贴上一些红色的便签，描述这些技能。这些技能可能是团队中的某个人需要学习的，或者我们需要另请高明的。

"现在，你可以将任务与这些问题和技能同步。但是，尽可能扔掉不必要的任务，只添加真正重要的新任务。一定要来回检查这些任务，看看是否有更好的方法来将它们分组。"

在给出这些指示后，你就可以离开了。

星期五早上到了。你告诉团队："现在，把这一切付诸实践。你们要商量出统一的目标，自行分配角色和责任。确定何时需要在现场合作，何时不需要。确保一切都向组织的目标、愿景和战略看齐。确保你和团队在整个项目中步调一致。"

当然，这只是一个思考练习。但真的仅仅如此吗？

在2021年年初的《商业内幕》工作场所演变线上会议中，宝洁公司人力资源总监卡尔·普雷斯纳（Karl Preissner）说，宝洁公司正转向一种模式，在这种模式下，整个公司的团队将根据个人和集体任务以及个人需要决定何时何地工作。普雷斯纳说，在这一过程中，公司正在重新规划产假等制度，以消除一切可能对想要灵活办公的员工不利的偏见。

让团队专注以问题为中心的工作，可以鼓励团队成员拿出自主性，并凭借这种自主性持续不断地调整自己的努力。

想要让组织的心理多样性快速发展，方法之一是打造跨职能的问题解决团队。打破组织中的壁垒，把来自不同部门和岗位的人员聚集在一起，专注于新鲜和困难的问题，看看能激发出什么火花。

为什么年轻人解决问题需要目标

让我们从一个完全不同的角度来看待解决问题的心态：目标。

按照老一套的工作规则，当你初入职场时，你的目标可能是赚钱。所以你最想解决的问题是找出能让自己赚钱的事情。过了一段时间，你意识到如果你做你擅长的事情，你会得到更好的报酬。在老一套规则中，这对你来说已经足够有意义了。你不喜欢又能怎么样呢？这就是工作啊。

正如我的父亲在《你的降落伞是什么颜色？》中所说的，有些问题是你喜欢解决的，有些技能是你擅长使用的。因此，除了获得高薪和精进业务，你还想要一份自己喜欢的工作。对很多人来说，这可能已经足够了。

"为什么年轻人一走进公司的大门，就开始问我什么是目标？"

但还有第四个因素。通常在职业生涯的后期，甚至在退休后，如果一些人还在做世界需要的事情，如果他们正在解决有利于其他人或地球的问题，他们就会有一种目标感或意义。而在20世纪后半叶，个人喜爱的工作和世界需要的工作定义了新的规则。

这种四位一体的工作哲学被称为"Ikigai"（意为生活的

意义），通常用维恩图呈现。"Ikigai"的概念在日本非常流行，尤其是在冲绳岛。事实上，正如作家丹·布特纳（Dan Buettner）在其著作《蓝色地带》（*Blue Zones*）中所详述的那样，冲绳人是地球上最长寿的人之一。冲绳人认为，除非这四种工作心态都得到实践，否则生活就不会过得很好。

等到职业生涯后期才践行"Ikigai"意味着你要延迟获得满足感。世界各地的许多年轻人都在调整人生的顺序。他们离开高中、职业学校或大学，想做世界需要的事情。如果他们能实现这一点，那将是他们热爱的工作。如果他们能做自己喜欢的工作，他们会继续努力，直到他们擅长于此。如果他们真的能在这方面做得很好，他们会得到更高的报酬。

在硅谷，"栈"代表依次叠放的功能层，如图4.3所示的就是一个"栈"。

这就是为什么许多年轻人一进你的公司，就想马上知道它的目标。这是因为他们想做自己眼中世界需要的事情，他们不想多等。

这种心态为年轻人越来越想解决的问题提供了新的框架。如果你能让年轻人以组织的目标为己任，他们就能专注于自己想解决的问题。

解决最大的问题："登月心态"和"十倍心态"

员工决心为公司效力的过程中，目标的作用越来越重

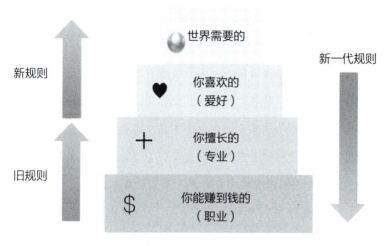

图4.3 "Ikigai"栈化图

来源：Charrette LLC。

要，一旦你同意这一点，那么下一个问题就是显而易见的：
目标有多大？

当组织中的创新者共同努力解决问题并为客户和其他
利益相关者创造价值时，他们总是会设想以合理规模解决问
题。毕竟，我们倾向于通过降低期望值来向结果靠拢，从而使
解决方案"切合实际"。这是一种自然的反应，因为这种默认
心态可能会降低失败的风险，最大限度地减少潜在的痛苦。

然而，我们解决问题的过程决定了潜在结果的好坏。把
眼光放低，直接就降低了取得突破性成功的可能性。这对于
个人职业决策来说是正确的，对于解决方案的执行来说也是
如此。

但是，如果你的心态是不断扩展你的解决方案呢？如果你期待专注于解决越来越大的问题呢？

假设你和你的团队与一群利益相关者合作来确定一个问题，比如帮助一群经常需要从几十万千米外的一个地点到另一个地点的十几位客户。在一个充满颠覆性技术的世界里，你可能会设计一辆自动驾驶公交车，它可以沿一条预定路线行进。这似乎已经是一个相当令人满意的解决方案。

一旦你和团队开始尝试这种设计，如果你转向团队问道，"我们怎么把效果优化十倍呢？"会发生什么呢？

你的团队可能会拿上一沓便签回到白板旁，开始考虑其他方案，比如一辆能将乘车时间缩短75%的自动驾驶空中巴士。这听起来像是科幻小说中的解决方案。但从大型飞机制造商到活泛的初创公司，几十家制造公司都在研发这种产品。

"登月心态"指的是在设计阶段不断推动提高解决方案的速度和规模，暂时忽略现有技术下的"可能"，转而致力于在没有约束的情况下设想解决方案。降低目标，意味着你将不可避免地局限于更窄的解决方案。考虑到时间、金钱和信息的限制，这可能是必要的。但不要把结果预设在你今天所想得到的范围内，这样会影响意料之外的结果。

登月心态以一种完全不同的心态来处理这个问题。我们可以将这种方法视为大幅扩展组织的"创新组合"。我们将在第8章探讨这种扩展使用的工具，届时我们将介绍包容性设计和快速成型法等技术。

　　想了解更多有关登月心态和十倍心态的信息，可以读一读彼得·迪亚芒迪斯（Peter Diamandis）的著作《富足》（*Abundance*）以及ExOWorks公司的首席执行官萨利姆·伊斯梅尔（Salim Ismail）与人合著的《指数型组织》（*Exponential Organizations*）。

　　我们将在接下来的两章中看到，在动员人力为组织解决问题以及为利益相关者创造价值的过程中，组织可以做出哪些改变，从而极大地提高心态和技能的凝聚力。

SKILL

进化型组织
应对数字化变革的心态、技能和工具

第 **5** 章

新一代组织的技能

"领导力"这个词正在丧失意义。把领导力看作一种技能，能让整个组织的员工更好地做好准备，踊跃解决问题并创造价值。

有一些特定的技能可以帮助领导者提高效率、促进成长、带动参与并鼓励一致。有很多良好的例子表明，新一代组织都出色地掌握了这些技能。

组织领导者必须通过更加了解组织中人员的技能，减少其工作网中的运动摩擦，以最大限度地扩充人员技能。提高其工作网效能的最佳方法是破解招聘流程。记住，每一位有才华的员工都是一个多面手，他们需要一定条件才能脱颖而出。

魔杖时间

我挥动魔杖，你一下子就能建立一个10万人规模的组织。

一夜之间，从无到有。

你会雇用谁？你将如何雇用他们？你会雇用有什么技能的人？

当然，你想弄明白的是如何管理风险。你怎么知道你想雇用的人是否真的具备你需要的技能？考虑到这一风险，你会轻易地雇用心态与你相似的人吗？这有可能带来你想要的成功吗？

经过深思熟虑后，你会发现自己是以错误的心态处理问题的。关键不在于你自身。关键在于你要带来的第一批人。你们将共同确定组织的核心价值观及其核心利益相关者，从客户或其他核心组成部分开始，其中应包括员工、合作伙伴、供应商、开展经营的社区和地球。然后，还有股东等其他人。你们还将找出能持续为这些利益相关者创造的价值。

现在，你可以确定所需的技能。通过确定组织的支柱，你所需要的技能变得一目了然。

所有这些基本原则都是零散的。没有这些支柱，你的招聘过程就没有束缚。你就非常容易雇用到与组织目标相左的人的。这种目标断层不可避免地会产生致命的裂缝。你也更难雇用到身怀应需技能的员工。

但通过这些过程，你的"首要原则"将在每一次招聘、每一次晋升、每一堂培训课、每一次重大决策、每一次会议上得到体现。它将发出必要的信号，帮助所有利益相关者了解成功行为对组织意味着什么，最关键的是，了解组织实现目标所需的技能。

重新定义组织领导者的角色

我已经指出，"领导艺术"是一种主张塑造当今和未来领导者的全球商业基础设施，而越来越多的人开始抵制它，也是情有可原的。并不是说我们不需要领导。我们需要摒弃那种认为领导关系是二元的心态模式，即你要么是一个组织的领导者，要么不是。这就是为什么我尽量避免用"组织的领导"，而是用"组织领导者"。无论你是坐在传统等级制度的"顶层"，还是处在"无领导组织"的人员结构中，或者介于两者之间，这才是一种应有的心态。

每个组织的结构都由两种权力定义：职位权力和个人权力。职位权力来自显性或隐性的层级结构，即组织结构图中的一个位置。当你走进一个会议，你很快从位置判断谁的权力最大，因为其他人会不断地观察他们，以获得社交提示，并对他们言听计从。

但组织领导者通常职位权力要小得多，个人权力要大得多。他们的见解有很多听众，但倒不至于被奉为圭臬。他们的行为往往体现组织的文化，并巩固组织的价值观。当然，他们有权做出决定，但通常只有在众人商讨无果或紧急情况时才能做出决定。

这是组织领导者的心态。现在我们来谈谈技能。

遵循老一套规则的组织通常采用工业时代的命令控制模式进行监督，只是稍加改造，就将其用在现代办公室中，而不是教授一套灵活的技能，以帮助增强和扩展团队成员的工作能力。这种模式过分重视过程而非结果，将员工视为管理者拥有的资源，将绩效和生产力置于最大化发挥人才潜力之上。其不可避免的结果是团队系统性地缺乏信任、激励和参与。

我知道这听起来不好受。但根据盖洛普咨询公司的统计，只有大约三分之一的美国工人对工作有归属感。盖洛普咨询公司在其《美国经理的现状》（*State of the American Manager*）报告中发现，员工敬业度得分的绝大部分差距（70%）来自员工与其直属上级的关系。因此，如果你认为你的员工缺乏归属感，除了你的组织培养传统管理者对待员工的方式，你可能不需要从其他地方找问题。

或许更令人担忧的是，盖洛普咨询公司表示只有大约三分之一的美国经理对自己的工作有归属感。

想知道什么是缺乏信任的管理，只需看看在新冠疫情之前，有几家企业允许员工在家办公。我之前提到过，像IBM和雅虎这样曾经实行过这些政策的公司也往往会取消这些政策，或者只允许少数岗位和员工这么做。但2020年的大重构迫使管理者在一夜之间被迫选择信任。令人震惊的结果是，被信任的人们在很大程度上是有责任感和忠诚的。事实证明，问题往往出在管理者领导团队的方式上。

那么，指导团队工作的人的新一代技能是什么？你猜对了：提高效率，促进成长，带动参与，鼓励一致。四条核心的新一代规则都可分出应变和自我技能。

提高效率的技能

● 提高效率的应变技能包括带着明确的期望进行沟通、指导员工和团队解决问题、教导员工提高效率，以及在需要明确方向时领路。

● 自我技能包括树立职业榜样的胜任力、提供诚实和建设性反馈的勇气、以身作则的魄力、树立领导榜样的决断力，以及在员工迟迟不肯开动时给予一定的紧迫感。

以下是一家致力于提高效率的公司的例子：

在第3章中，我们谈到了"去总裁化"心态。诺华公司的例子说明了这种心态如何能用作一套技能。

在谈到文化转型时，诺华公司的全球人才总监马库斯·格拉夫告诉我，"如果我们像过去那样继续下去，我们的使命就不会成功。"因此，该公司努力推动大规模文化变革以引入三项新的核心技能：启发、好奇心和去老板化。

启发和好奇心是确保人们能够自我激励并不断发展新能力所

必需的。"我们需要认识到，很多技能很快就会变得多余，"格拉夫说，"我们需要加倍发挥创造力，并提出新的想法。" 去总裁化实际上包含多个技能，包括允许员工做出决策，鼓励个人和团队解决问题等。

作为转型计划的一部分，该公司取消了以前的绩效评级体系，重点关注学习历程和个人成长。"人比数字更重要，"格拉夫说，"它们展示了文化的变化。"

为什么谈"效率"，而不谈"绩效"？

"你们失败了，"一位硅谷首席执行官说，"你们是'预备球员'，是'替补球员'。这里有太多庸碌之人，今天我要将你们中的一些人派到硅谷的下属公司工作。"

"绩效""高绩效团队""低绩效员工"这些词的感情色彩都太重了。

在最恰当的用法中，"绩效"可以简单地指员工满足自己和他人期望的能力。有了积极的心态，绩效指标为员工提供了明确的目标，可以鼓励健康的竞争。想要获得奖金的销售团队确切地知道自己的目标。轻微的绩效压力可以转化为善意的奖励竞赛，尤其是当每个人都知道自己雇主的绩效文化时。

但痴迷于绩效也很容易造成一种有害的文化。组织的语言会变得二元化，将团队和员工分为"高绩效"或"低绩效"。几家硅谷公司贡献了一套臭名昭著的做法，即定期解雇15%的"绩效垫底"员工，将他们弃如敝屣。对绩效的过分关注也会助长只认季度报告的"短期主义"心态，让公司股东全权掌控公司的主导权。

在安然公司（Enron）的有害文化被曝光之前，它一直是一家"高绩效"公司。

"效率"为我们看待目标和成就提供了不同的视角。它基于一系列不断更新的共识，这些共识涉及每个员工和团队试图实现的目标，不仅包括近期和长期目标，还包括与组织战略目标的明确同步，以及个人发展和人类健康。在组织内部，一个能在所到之处激发创造力的自由创新者，其自身的效率与打破季度目标的销售人员一样高。

顺便说一句，上面的引语来自沃尔特·艾萨克森（Walter Isaacson）的《史蒂夫·乔布斯传》（Steve Jobs）。它出自乔布斯宣布苹果公司一个部门裁员25%的声明中。多年来，在各大硅谷公司的食堂里，常有人讨论乔布斯能取得傲人成果究竟与他著名的高绩效压力策略有无关联。

我想问一个不同的问题：若摒弃痴迷于绩效的有害领导文化，一个领导者能否取得乔布斯这类的人物的成就？

促进成长的技能

● 促进成长的应变技能包括在员工的成长过程中提供支持，

传授新的技能和观点，以及在员工需要帮助时进行点拨。

- 自我技能包括发掘他人潜能的洞察力、鼓励他人学习的支持力，以及帮助他人实现潜能的耐心。

许多领导者表示，他们希望自己的组织成为一个学习组织。但学习不仅仅是一种心态。这也是一种具体的技能。

维迪亚·克里希南（Vidya Krishnan）是通信巨头爱立信公司的首席学习官，该公司拥有约10万名员工。克里希南出生于印度班加罗尔，在美国新泽西州长大，父母都是工程师。她告诉我，在她还是一名青少年营地辅导员时，她第一次看到了教育改变生活的力量。在爱立信公司，这股力量转化为整个组织对学习的深切投入。"我们今天正在打造明天的技术，"她说，"我们的专业知识决定一切。"

爱立信公司鼓舞人心的口号：不允许不学习。

事实上，爱立信公开提倡一个鼓舞人心的正面心态：不允许不学习。每个员工都必须有个人学习计划，如果他们没有，员工经理就要担责。这是关键，因为这样做，团队向导在激励员工时，便将对成长过程的承诺融入其中。

克里希南告诉我："每位员工每年都会制订一份个人学习发展计划，并将这种发展视为管理者、公司和员工的责任，称之为'三方合作'——强调领导者是学习的引导者。"

重塑技能、提升技能、超越技能以及其他旧式工作标签

不可否认，我们都需要成为终身学习者。变革的速度之快和规模之广正在让许多领域的信息有效期缩短。正如2012年德勤前沿中心的约翰·哈格尔三世、比尔·埃格斯（Bill Eggers）和欧文·桑德森（Owen Sanderson）在《哈佛商业评论》（*Harvard Business Review*）发表的一篇文章所示，信息的保质期已经在迅速缩短。他们引用的研究表明，大学四年制学位的平均价值只有五年，换句话说，知识的有效期只比掌握知识花费的时间多一年。这并不代表你在大学里学到的一切都会很快过时。但是你专业领域中获得的知识技能可能会持续快速变化，所以你必须不断收集更多信息，才能跟上变化。就像一盒牛奶一样，你的大学学位也印上了一个保质期。

在高科技领域，信息的保质期甚至更短。塞巴斯蒂安·埃斯皮诺萨（Sebastián Espinosa）是编码道场（Coding Dojo）的负责人，这是一家位于美国加利福尼亚州圣何塞的程序员培训学校。为了说明信息变革速度有多快，埃斯皮诺萨给我举了一个例子。他说，编码道场可以为几乎没摸过键盘的人提供为期一周的入门课程，在四个月内教会他们三种完整的网络编程语言，在毕业后的半年内，90%的毕业生能找

到一份年薪不低于9万美元的工作。然而，埃斯皮诺萨说，如果毕业生不继续学习，他们在编码道场学到的知识将在15个月内过时。

这种快速变化让员工需要不断地接受再培训。再加上变革的规模，这可能非常困难，因为掌握过时技能的员工可能要在未来工作中完成越来越大的转型。想想在工厂维修机械装配线设备所需的技能。现在想想成为人工智能技术人员需要的技能。两者重叠的部分非常小。因此，修理机械设备的人可能需要大量的学习才能熟练地开发人工智能软件。并不是说这是不可能的，但这样可能无法充分发挥他们的才能，尤其是在他们更喜欢靠双手工作的情况下。

现在，想想工厂硬件维修工和风力涡轮机维修师的技能。这时，两者有很大一部分技能重叠，这意味着前者很快就能完成再培训，从而可以比转型成为程序员更快赚到钱。

许多人将这种培训过程称为重塑造技能（如果新工作变化不大）、提升技能（如果新工作需要一套"更高级"的技能）、补充技能（如果新工作属于不同业务，但工作内容相似），或超越技能（如果学习者要换个岗位或公司）。我甚至听说有人用"技能退化"表示抛弃老一套的工作规则，以便学习新规则。

我不喜欢这些标签。它们和我们需要抛弃的工业时代的心态方式听起来很像，是时代强加给你的东西，而不是你自己选择的。它们听起来就让人感觉痛苦。它们也暴露了偏见。谁来决定学习过程是"向上"还是"向下"的呢？

将其称之为培训或再培训没有什么问题。我们都接受过很长时间的培训。大多数人不介意培训，它既可以是你主动寻求的，也可以是他人提供给你的。"学习"也不错。但向某人"授技"听起来就像是一种不平衡的关系。

不可避免的是，培训将越来越多地转向应时应景学习。员工将在需要时获得新技能，他们将在现实世界中解决问题的背景下学习这些技能，比如导师制和基于项目的学习。

带动参与的技能

● 带动参与的应变技能包括激励他人投身并实现他们的目标，与心态不同的人建立联系，倾听他人的切身经验，以及让员工有自主权。

● 自我技能包括对他人动机的洞察、对他人需求的响应以及对他人困境的感同身受。

很多领导者则关注能让组织更具多样性、公平性和包容性的技能。如果真有这么一个技能，那就是同理心。

有些人认为，同理心的目标只是关心员工。但正如领英公司前首席执行官杰夫·韦纳（Jeff Weiner）所说，"同理心是关心加行动"。

韦纳大力倡导领导者要富有同理心。领英公司很少有负面新闻，另外，韦纳在Glassdoor网站评选的首席执行官榜单上排名前十，这足以证明他的领导能力。

2018年，韦纳参加美国宾夕法尼亚大学沃顿商学院的毕业典礼，并在演讲中说，当他意识到自己其实在以一种剥夺人们权力的方式领导组织时，他顿悟了：

我承诺过，只要我身居管理层一天，在管理员工时，我都会力求做到富有同理心。这意味着要适时停下，审视自己的想法，尤其是在自己变得情绪化的时候。这意味着要换位思考，了解别人的渴望、担忧、优势和劣势。这意味着我要尽一切可能让他们取得成功……我现在已经这么做十多年了。我可以坚定地告诉你们，富有同理心的管理方式不仅更有利于组建团队，也更有利于建立公司。

畅销书作家亚当·格兰特（Adam Grant）也同意这一观点，他在沃顿商学院经常当选最受欢迎的讲师。当我问格兰特，组织领导者最重要的三个特征是什么，他的回答是："不卑不亢、头脑灵活并且富有同理心。"

你可以通过训练来培养员工的同理心。但组织领导者必须以身作则，小到日常管理交流，大到制定薪酬体系，要将同理心贯彻到所有流程中。

增强凝聚的技能

● 增强凝聚的技能包括以组织的使命和愿景激励他人、分析及了解团队中不同的需求、综合以帮助串联不同观点，以及建立信任以帮助团队成员共同工作。

● 自我技能包括理解不同和潜在冲突观点的洞察力，平衡情绪和自我需求的手段，以及确保所有人都能发声的客观态度。

当两个或两个以上的人一起工作时，很快，他们就可能彼此脱节。因此，随着组织规模的扩大，这类错位的情况大大增加，这毫不奇怪。他们不再进行有效沟通，不再朝着共同的目标求同存异，他们的行为实际上可能已经违背了组织的战略目标。当员工队伍变成一张工作网，网中包含流动的团队时，任何新一代组织都必须自然且自动地增强凝聚。

我认为团队协作软件商Asana是凝聚力强的典范。

Asana的首席运营官克里斯·法里纳奇（Chris Farinacci）告诉我，为了保持凝聚力，该公司定期进行一项为期六个月的冲刺计划，并称之为"冲刺期"（Episode）。每一段冲刺期结束，Asana的大多数员工会在全公司快速进行战略评估。分析在过去的六个月里，我们试图完成什么？我们做得怎么样？并思考在接下来的六个月里我们需要做什么？动手吧。

对于这么多的员工来说，花掉一年中这么多的时间进行战略调整似乎成本很高。但想象一下，在任何关系中，无论是婚姻还是选举，都会经历同样的过程。凝聚力在于就重要问题求同存异，并在现有基础上让利益相关者各尽其职解决重要问题。

如果增强凝聚的过程是"自下而上"的，由团队和工作组负责彼此看齐并实时汇报进展，那么最好不过。"我们的根本原则是，想要成功增强凝聚，就不能只靠领导拍板，"法里纳奇说，"在过去权力不会下放到整个团队。而现在我们为整个团队赋予价值，然后从基层开始铺开。"

法里纳奇称Asana提出了三个简单的要求：目标、计划和责任。我们所做事情的目的是什么？为了成功，我们需要想出的最简单的计划是什么？谁将对项目的哪些方面负责？事实上，几乎公司的每个重点领域都有一个人充当固定决策者。与其为职场地位互相倾轧，或为弄清谁能发号施令争个高下，不如凡事找先行者来做决定——这是个人权力的一个良好体现。

这个方法可以看作提升凝聚力的引擎。审查周期加快，沟通不再中断，每一项提案都向组织的战略目标看齐，这些变化加在一起，可以持续提升凝聚力，甚至是成规模地提升。

这套技能的实施需要辅以一套工具。使用目标与关键成果法和对结果提供数据的关键绩效指标（KPI）等工具可进行绩效管理，在第8章中，我们将介绍一种越来越常见的使用方式，以及这些工具如何适应新一代组织的不同需求。

练习：**问题解决快闪训练。**如果你想试用新一代规则中的技能，请在你的组织中找到一个重要但相对"封闭"的问题，即一个目前没有人关注的问题。在组织里发出消息，找上四五个自愿的人，让他们在接下来的几周内花几个小时来解决这个问题。不要花太多时间去定义问题，也不要花太多时间去掌握解决问题所需的技能。只需让这群"有识之士"参与进来。允许他们在任何方面寻求帮助，包括但不限于方法和额外技能。整个过程不能太长，最多几个小时，团队要在事后汇报流程。

如果最终能成功启动一个项目，如法炮制即可，但要在组织内公开项目成功的原理；如果未能启动项目，也要照常庆祝并公开这些经验教训。这些经验将有助于其他人在未来避免同样的错误。

最大限度地发挥组织的技能：内部工作

到目前为止，我们关注的是领导者的技能，包括团队领导者和整个组织的领导者。领导者也有责任帮助整个组织工作网中的所有员工以最有效的方式使用和发展技能。

凯利·史蒂文-魏斯（Kelley Steven-Waiss）是《内部工作》（*The Inside Gig*）一书的合著者之一，曾任HERE科技的首席执行官，这是一家拥有9000名员工的"在线位置"数据服务公司，提供地理数据和地图服务。后来，史蒂文-魏斯创立了另一家专注于人力资源技术的企业软件公司Hitch Works，并由她自己担任创始人和首席执行官。

史蒂文-魏斯发现，历史上组织管理人力资源的方式存在两大挑战。首先，大多数组织几乎没有有效的方法来清点员工的所有技能、经验、爱好和兴趣，因此他们实际上并不了解他们工作网内的所有人员潜力。正如我们将在第8章中看到的，这部分是因为我们中很少有人知道自己的技能，所以组织对我们的了解自然会更少。但很少有组织真的肯下功夫做这种清点。认识员工的技能，他们通常只看表面，满足于在招聘要求内列出那些的技能。

这就是为什么我告诉组织领导者，他们的工作网对他们来说是"冰山一角"，员工的技能只有一小部分浮出了水面（见图5.1）。

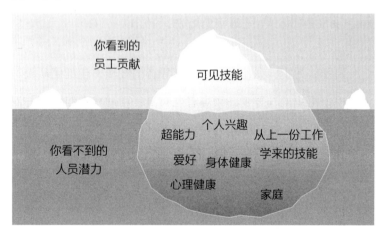

图5.1 技能冰山

来源：Charrette LLC。

假设你经营着一家制造公司，并且想为艺术家和音乐家创造新产品。你可以花很多钱做昂贵的市场调查，找到潜在客户，邀请他们参与设计构思。但是，如果你发现已经有几十位艺术家和音乐家正为你的组织效力，只不过他们的岗位与音乐或艺术无关，你会怎么办？你可以随时进行"快闪"式设计，缩短产品上市的时间，设计更好的产品，让你的员工有机会充分发挥他们的潜力。

史蒂文-魏斯告诉我："第一个好处就是让你看清员工的技能供应链。思考：'我们是要自给自足，还是另请高明？'"换而言之，仅仅通过盘点和开发现有的人才库就能获得你想要的技能吗？还是说需要引进拥有技能的人才？史蒂文-魏斯在HERE科技时说过："我们需要更多的人工智能和数据洞察力。想了解自己该如何培养这种能力，唯一的方法是了解我们已经拥有的技能。"

史蒂文-魏斯指出的第二个问题是，一些组织管理者经常把人当作私人拥有的资产来对待。如果你雇用某人担任高薪职位，你可能在此前花了数周或数月的时间里努力地寻找、雇用并带他上道。在理想情况下，只要是为组织的利益相关者解决问题，这名员工的技能应该像块砖，哪里有用哪里搬才对。但是，如果另一个团队的新项目或新工作"撬走"了这名员工，也就"撬走"了你在其身上投入的时间，你必须重新开始招聘流程。由于你预料到了这种痛苦，你会尽一切可能把招募来的员工"留在"自己眼皮底下。

但请记住，在新一代组织的新心态中，你不再拥有一支员工队伍，而是拥有一个工作网。在整个组织中，员工与问题进行持续、动态的绑定，只需努把力就能胜任任何岗位。如果员工个人无法成长，无法从新的机会中学习，那么组织也会遭受损失，因为这名员工的技能无法应用于可能更重要的问题。对于所有相关人员来说，技能和问题都没有安置妥当。

你该如何解决这个问题？史蒂文-魏斯说："首要障碍是领导心态。我们必须承诺，将使用一种新的工作方式，进行人才共享。人才归公司所有，而不是经理所有。当我谈论（内部）人才市场时，你应该在脑海中把所有人才归到一边，把工作归到另一边。两者不过是买方和卖方，重点是拥有开放的领导心态。"正如我们将在第7章中看到的，这种领导心态也是一个工具。Hitch Work这样的公司把它当作一款软件来使用，以带动整个组织的参与度。

最大化提高技能参与度和凝聚力的机会不仅局限于组织内部。在《人力云》（*The Human Cloud*）中，作者马修·莫托拉（Matthew Mottola）和马修·科特尼（Matthew Coatney）详细介绍了通过在线市场进行工作外包的优势，以及"变革者"找到基于项目的工作机会。独立的员工团队在项目基础上聚集在一起，然后解散并重新组建一个新项目，因而有些人称其为好莱坞模式。

最像工作网的组织是大型咨询公司。他们拥有身怀各种技能的人才组合，以及多样化的客户问题组合。咨询公司不断精进自己对客户问题的理解，创建围绕这些问题动态结合的"快闪"团队，并不断适应持续变化的行业环境。其他行业的组织可以从中吸取宝贵的经验教训，最大限度地实现技能和项目之间自我驱动式的匹配。

招聘是新一代技能的关键

你能在哪里找到今天和明天需要的技能？如何找？答案是：通过彻底反思招聘流程。

在员工和团队与组织的交叉点上，没有比招聘的方式、时间和对象更重要的转折点了。因此，我们应将招聘视为一个需要解决的问题，并立足于以下四条核心规则：有效性、成长性、参与度和凝聚力。

现在你是十几名员工的团队向导，他们中的每一位都在为组织中至少一个其他团队的项目工作。

你指定（除你之外的）一名团队成员或领导一次设计思维练习，以了解团队需要定期解决的问题　当然，确定问题的过程需要与组织的战略和目标直接看齐。大家都很清楚，有一系列问题没有得到解决，因为团队的人力和技能目前还不够。你们集体讨论如果要招募新人，此人该具备哪些理想特质，比如，他应该具备凝聚心态，掌握理想的技能（应变、自我和知识技能）以及精通理想的工具。你对这些需求进行了优先排序（当然，心态排在第一位），然后对这些特质进行扫描，过滤其中的偏见，再重新设计出一份需求，按照这份需求，与团队成员具有相同背景且符合需求的应聘者可能更有优势。

团队将问题分解为几个微项目，当然，团队一开始想要解决的问题才是那个最重要的微项目。然后利用组织的工作网，将微项目投放到组织内部和外部的市场上。你会得到一系列应聘者的回应，请利用反偏见算法继续过滤这些信息。团队（你不插手）挑选了三名应聘者，付费让他们负责三个不同的微项目，结果发现其中两个应聘者来自世界另一端的发展中国家。这很方便，因为他们可以在你休息的时候工作。

你的团队指导过一些社区组织，碰巧有一位应聘者是团队成员通过这条门路认识的杰出人才。这位应聘者在微项目上表现出色，团队立即决定加大外包的工作量。你要求这位新人填写一份亚里士多德画布，这样你就可以评估他与团队的凝聚力。很明显，此人的个人发展道路与你的团队和组织战略高度一致。

几个月内，你、你的团队和这位新人将共同创造一个工作岗位。你们一致认为，有必要建立全职雇用关系，于是新人会签署一份承诺协议，该协议的条款非常灵活，有利于员工、团队和组织。新人可以继续在自己的国家工作。

整个过程中，你通过遵循包容性的招募流程，确保了参与度；通过明确宣告组织利益相关者和团队需要什么，提升了凝聚力；通过创造一个为员工着想的工作岗位，实现了高效率；通过确保员工自身的发展道路与团队的角色和需求相一致，扩大了成长性。

（当然，合适的员工可能来自组织内部。这也意味着，你的团队员工自己也可以在整个组织的其他项目上工作——你应当欣然接受这种机会，因为它可以提高员工的技能，扩展他们在工作网内的人脉，并挖掘需要解决的新问题）

我们刚才做了什么？我们为员工、团队和组织降低了风险，增加了机会。

旧式招聘规则主要在于风险管理。如果你百分之百确定与你交谈的第一位应聘者能满足所有期望，你就不会再找下去了。为了把风险降至零，你只会雇用第一个人迈进门的人，无论那扇门是虚拟的还是真实的。

承认吧，招聘其实就是为了降低风险。

当然，这种确定性并不存在。美国劳工部一项经常被引用的研究表明，如果招募来的员工与组织不是一条心，该员工的年薪至少会降低30%。

为了应对这种风险，企业变本加厉地运用旧式工作规则，要求应聘者取得两年、四年的大学甚至研究生学历，或者要求他们具备若干年的行业经验。我们必须有意识地设计一个包容性高的招聘流程，以降低新人和组织合不来的风险，这既是为了雇主，也是为了雇员。

雇用心态而非技能

假设你没有这种高包容性的招聘流程。新一代规则有什么解决方案吗？对许多工作岗位而言，招聘时更看重的是心态而不是技能。

帕特里克·兰西奥尼（Patrik Lencioni）著有管理学经典《CEO的五大诱惑》（*The Five Temptations of a CEO*），为了帮助组织领导者了解自己面临的挑战和机遇，他在书中提出了许多有见地的建议，并用新方式阐明如何让组织中的员工充分发挥价值。我最喜欢的是他的一个简单结构。帕特称之为文化匹配与绩效匹配。我稍加改动，将其调整为心态契合与技能契合（见图5.2）。

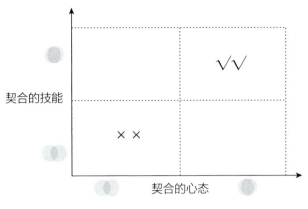

图5.2　契合的技能和心态

来源：Charrette LLC。

　　在旧式工作规则中，招聘通常侧重于绩效匹配。应聘者的经验是否足以使招聘经理相信他能胜任该职位？如果是的话，此人就会被评估为"匹配"，仿佛工作是一个洞，而这名应聘者就是凿进洞中的钉子。

　　然而，企业过分关注绩效则会忽略最重要的因素：员工的心态，以及与组织和团队心态的凝聚力。当心态契合时，每个人对成功的要素都有明确的共识。

　　请注意，我刻意不用"匹配"这个字眼，因为它通常只代表组织的观点。如果你不"匹配"，你就是问题所在。但"契合"是个更加平衡的说法。如果员工和组织的价值观、需求和能力契合，那就说明你做了个好选择。如果两者不契合，那也不是谁的错。但是，如果员工或组织一直貌合神离，这对双方来说都不是一件好事。

套用管理大师彼得·德鲁克的话："心态以技能为食。"如果你有技能，但没有合适的心态，很可能与组织的文化严重脱节。如果你具备了所有的心态，但还没有掌握所有的技能，那么你不吃点苦头，就无法培养解决问题的能力。

我们将在第7章和第8章中详细讨论实现这种凝聚力的工具。我们暂时可以把技能契合理解为：员工有能力完成他们应做的工作，或者能够快速学会这么做；组织让员工有机会使用他们最爱用和最擅长的技能；并且员工有能力不断发展这些技能。

超越技能：人类健康

我们固然要关注技能，但也不应忽视这样一个事实：作为人类，我们有的不仅仅是能力。根据高德纳资讯公司副总裁布莱恩·克罗普（Brian Kropp）的说法：

我们过去觉得为自己工作的只是员工而已。只要我们付钱给他们，大家相安无事。现在，我们发现为自己工作的是活生生的人。员工和人是分离的。我们的员工有自己的生活，而工作只是他们生活的一个组成部分。我们如何帮助他们拥有更好的生活，而不仅仅是"更好的工作"？

　　在新冠疫情暴发之前，老一套工作规则的心态只是强化了许多组织的冰山模式，组织领导者很少愿意去全面地了解与自己共事的人。当员工突然不得不散落各处居家办公时，许多人才醒悟过来，他们第一次得以窥见同龄人的家庭和生活。"你有孩子吗？""你的猫叫什么名字？""你和生病的父母住在一起？"

　　克罗普问道："我们如何帮助他们拥有更好的生活，而不仅仅是'更好的工作'？"

　　当然，一些遵循旧式规则的员工可能更喜欢冰山模式的掩护，在这种模式中，组织只了解员工的已知技能，其他一概不知。你只需按时上班，做好你的工作，没人打听你的生活隐私。他们当然有权选择这种模式。但是，万一有突发情况呢，假如他们需要同事替班，好去看望生病的父母，这时他们该怎么办呢？如果团队甚至不知道他们有孩子，他们怎么能要求请假去看孩子的足球比赛呢？

　　另一个突破性启示则有关我们的健康。现在，员工不仅要保障自身健康，在工作场所也要保证安全才行。这一需求迫使许多组织彻底反思一切，重新制定居家办公政策，重新设计工作场所、自助餐厅，甚至电梯等设施。

我们大家必须意识到，新一代组织必须把人作为完整的个体来看待，致力于每个人的福祉，并了解他们的生活环境。这包括：

- **身体健康**：新冠疫情让许多组织领导者意识到，如果不能保证员工的身体健康和安全，员工会受到严重影响。
- **心理健康**：在新冠疫情期间，隔离和缺乏人际接触的压力使许多人意识到，需要主动关注，而不是简单地猜测，才能了解他人的心理健康状态。
- **情感健康**：过去，你的同事可能永远不会知道你的家庭是否遭遇了变故，比如爱人生病。新冠疫情清楚地表明，诸如此类的变故可能会对员工的工作能力产生重大影响。
- **财务健康**：如果员工的薪水入不敷出，那么他们的生活和工作就会受到影响。新冠疫情期间，工时大幅减少和排班经常变动，使员工处于不利形势。
- **心灵健康**：我们应该关注员工在工作和生活中的满足感，这通常要求员工认同企业的意义和目标。

正如我们在新冠疫情中发现的那样，我们周遭的一系列环境变化影响着每个人的福祉。我们都有家庭和朋友。如果年迈的父母生病，我们可能需要更灵活的工作时间。面对社交隔离的压力和持续的健康担忧，我们可能面临巨大的挑战。

新一代组织将把这些挑战视为机遇，而不是问题。通过关注全面发展，组织领导者有机会大幅提高员工的归属感和忠诚度。在一个许多雇员和雇主之间的社会契约正在迅速瓦解的时代，为每个工人提供有意义且高薪的工作，可以提高生产率并减少人员流动，使雇用者从中获益。你会发现，这样做可以极大地提高组织的品牌价值，降低招聘成本，提高你在客户中的声誉。

正如克罗普所说，"这不仅仅是为了让你的雇员过得更好，也是为了让你的公司更好。"

这些都是理论上的看法。但是，把每一个为组织创造价值的人作为完整的个体来看待绝对是正确的做法。

我们必须共同打造新的管理层

我把这种新的领导技能称为"向导管理"。我想应该没有其他组织使用这个标签。我提出这个强调共同创造的概念，为了定义一种将权力下放的心态的和技能。

说到领导技能，我想完全抛弃"管理"这个词，只关注"团队向导"的工作，不管他们在组织中的正式头衔为何。

当然有很多人希望别人告诉自己该做什么。根据我自己的经验，这通常是因为他们缺少解决问题所需的信息，没有解决问题的许可，也没有主动解决问题的自信。

你可以参考第4章中Cognitas的认知模型来解决信息问题。在一个强调学习要应时应景的世界中，你可以为员工提供必要的工具，以快速有效地对问题进行收集、处理、抽象化和应用。

想解决许可问题，你可以不断授权员工和团队自主决定、承担风险以及勇于试错。并把自己从领导的角色上挪开。

如果你提高了每个员工解决问题的能力和权限，你就能解决自信问题。

在下一章，你将从"无领导"组织中看到，向导管理的许多实际做法并不新鲜。但是，当一个人突然被冠上指导他人工作的角色时，以监代管的做法是一种非常常见的默认选项。需要以新的技能和心态进行有意识的培训和指导，才能帮助团队领导成为团队向导。

只要同心协力，我们就能做到。

始于向导，成于个人和团队

我们已经为组织领导者将技能梳理完毕，现在可以深入研究个人和团队的技能。这些将为培养新一代组织的关键技能奠定许多重要的基础。

第**6**章

员工和团队的明日技能：PACE

　　员工和团队应重点培养哪些技能？面对充满不确定性和变化的世界时，最重要的是四项应变技能：问题解决能力（Problem solving skins）、适应力（Adaptive）、创造力（Creative）及同理心（Empathy）——简称PACE。想要发扬创业精神，发挥自主权等职能，尤其是想要创新的话，这些技能就是基石。

　　想理解你自己和周围人的技能，需看清几个关键事实：你的技能组合及其交叉点、爱好和强项交叉点上的"超能力"、我们经常性看不到自己的技能，以及我们有必要学习如何学习新技能。

　　技能也是一项团队运动。技能娴熟的团队有四个关键特征，随着团队成员的分布越来越广泛，这四个特征变得尤为重要。

这是你出生的日子

想象一下，在你来到这个世界的那天，医院的护士向你的父母介绍道："这是你们可爱的孩子。"当你的父母自豪地抱着你时，护士补充道："这是孩子的说明手册。"

你的父母疑惑地抬起头来。

护士举起一本书，"本手册将作为指导，帮助孩子了解为什么、做什么、在何处、何时、与谁一起以及如何做好工作。"

护士开始翻阅手册，并说道："你会发现里面描述了能让你的孩子充分发挥潜力的所有方式。"

"这是孩子的心态，本手册展示了人类认知的独特之处。"

"这是孩子一生中擅长的所有事情；这是孩子喜欢解决的所有问题；这是孩子最喜欢的技能。"

"这一部分描述了帮助孩子在工作和学习中发挥最大作用的人。这里描述了孩子成年后最喜欢的工作场所。"

"哦，这里有一节讨论了孩子成年后将发现的意义、孩子将遵循的目标，以及孩子将通过工作和生活找到的满足感。"

你的父母很惊讶于你将拥有多么了不起的生活！

为明日而生的四项应变技能：PACE

好吧，你出生的时候可能没发生过这种事。

但为什么没发生呢？为什么没有一本针对你的"说明手册"？当你购买手机时，你会得到一本使用手册，它写清了该设备擅长什么，不擅长什么。为什么你没有相似的参考资料呢？

既然没有人给你配一本使用手册，你就得往前看，继续发展技能。我希望你能在这一过程中得到家人、老师、朋友、同事和导师的慷慨帮助。但对我们中的许多人来说，从来没有人明确告诉我们如何培养技能，也没有人告诉我们哪些技能最有助于我们应对一个充满不确定性的世界。

现在一切都变了。欢迎来到人类技能的时代。

一些顾问和学者似乎已经指出了最应需的"明日技能"会是什么。他们的研究大多侧重于知识技能，并指向机器学习、人工智能编程和神经科学等知识体系。未来20年，这些知识可能会很热门。但正如汤姆·弗里德曼（Tom Friedman）指出未来工作岗位数量具有不可预测性，一些特定领域同样具有不确定性。

父母们总是问我：孩子长大了应该从事哪个领域才能平安顺遂？老实说，我给不了他们任何保证。

可以预见的是未来需要应变和自我技能。对这些"21世纪"或"未来"技能应该是什么的预测，似乎每个人都有自己的看法。世界经济论坛的《2020年工作前景报告》（*The Future of Jobs Report 2020*）列出的全是应变和自我技能，包括分析心态和创新、自主学习、解决复杂问题、批判性心态、创造力、

领导能力、数字技能、承受力和推理能力等，其中没有一项是
知识技能。

　　尽管所有这些都是有用的，但我们需要分清顺序，确定和
培养最重要的技能。在阅读了我能找到的关于未来技能的所有
研究之后，我发现有四种技能呼声甚高。

　　每一位员工都需要有问题解决能力、适应力、创造力及同
理心（见图6.1）。

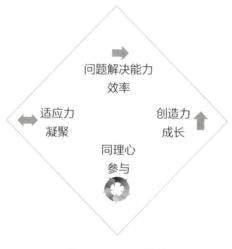

图6.1　PACE技能

来源：Charrette LLC。

　　巧合的是，在一个变革速度犹如脱缰的世界里，这些技能
合在一起刚好凑成了"速度"（pace）。它们十分地符合新一
代规则。

解决问题能力（效率技能的一部分）

正如我们反复看到的那样，在一个充满不确定性的世界里，对于任何员工来说，最重要的心态和技能就是把自己当成问题解决者。这就是他人雇用你的原因，也是你雇用他人的原因。正如我们在爬山的案例中看到的那样，如果你以问题解决者的心态处理新问题，你就更有可能利用或发展解决问题能力。我们的认知能力给了我们解决问题能力，比如收集和整合数据、提出理论、设想和试验解决方案，以及验证猜想。

适应力（凝聚技能的一部分）

适应力其实是多种技能，包括灵活思考、快速迭代和承担可控风险。它是由一种成长心态驱动的，即你可以不断学习新技能和方法来解决新问题。

克里斯·希普利和希瑟·麦高恩（Heather McGowan）在《适者先行》（*The Adaptation Advantage*）一书中，提出了多种持续性适应策略。其中一个关键是他们所说的敏捷学习心态，他们说这种心态包括敏捷力、适应力和意识（即一切应变技能），最终汇聚成能动性（一种自我技能）。如果你想探索适应的奥秘，我强烈推荐你阅读这本书。

创造力（成长技能的一部分）

这是一套让我们走在机器人和软件前面的技能。设想稀奇但实用的解决方案、整合不同领域的问题解决策略、以创造性方式设计新产品等能力都是人类的深层次技能。软件只能模拟其中一些过程，但市面上的软件离能够模拟人类的各种创造性功能还差得远。

同理心（参与技能的一部分）

另一项独特的人类技能是我们理解另一个人生活经历的能力。无论我们是在客户角度考虑的问题，还是理解团队成员的想法和观点，还是体察社会弱势群体的难处，这种能力都是至关重要的。有研究表明，儿童在发育早期就有习得共情的可能性。大人可以而且应该在往后几年继续培养孩子的这种能力。但在理想情况下，孩子与人共情的能力，应尽早得到积极的强化。

PACE是四个核心技能。以下是PACE技能发挥价值的几种情况：

● 创业精神，或者组织的内部创业精神：创业者在创业公司中做什么？他们首先怀着同理心考虑客户的生活体验，然后创造性地解决客户的问题，并随着对客户需求的理解发生变化而不断适应。此过程一遍又一遍地重复使用PACE技能。

● 能动性：PACE技能最适合鼓励能动性心态。能动性是一种信念，即采取行动可能会产生积极的结果（有时称为"希望"），因此，如果你已经使用了该技能，你就更可能确信自己可以爬到山顶。通过培养问题解决能力、适应力、创造力和同理心等技能，员工的能动性心态将得到加强，他们更有可能采取行动解决未来的问题。

● 承受力：在一个充满颠覆的时代，有些人非常有韧性，能够应对频繁的挫折、障碍和中断。PACE提供了一种心态和技能，可以帮助员工不断理解挑战，以积极的心态应对问题，并在这种情况下尽可能有效地解决问题。对于想要践行PACE的团队来说，提高承受力更为关键，也更为可取。

● 早期学习，通常在学校进行。而PACE强调的是基于项目的合作学习。它教导年轻人发展解决问题的技能，发展自己的创造力，不断适应，并对与自己合作的人怀有同理心——这种学习越早开始越好。

● 弱势群体：身体条件特殊的员工、自小家境困窘的员工以及曾经服过刑的员工可以通过发展PACE技能扭转颓势。

对许多组织来说，最重要的是：

● 创新：虽然一些组织认为创新是一种技能，但我认为它更像是一种PACE的输出。如果你有PACE型员工，你就拥有一个更具创新性的组织，因为他们会不断使用创造性的问题解决技能来解决新问题。

这四项核心的新一代技能是未来技能的关键组成部分。但你还有很多其他技能。为自己和他人，你如何理解和发展你的技能组合，尤其是你的"超能力"？

书写你的使用手册：四个关键启示

以下是关于技能的四个重要启示。

启示1：你有一套技能组合，其中有许多可能的交叉点

你拥有一系列不断发展的技能。有些技能是自然而然学会的，而另一些则需要花费时间、诚心和努力来培养。有些技能在你以往的工作中很有用，但现在已经不常用了。另一些则仍在开发中，将来可能让你获得新的能力。

这是一个技能组合。投资经理都会建议你，拥有一套可以带来稳定收入的技能是很重要的。还有一些技能可能更多地源自你的爱好，这些爱好要么还没有发展到足以让你赚钱的程度，要么只是让你当作兴趣来保持，丝毫无法提供创收的动力。

对新技能的需求将越来越多地处于多种兴趣的交汇点。可以将其视为技能的维恩图，它们之间的独特重叠确定了一个独特的技能集（想想约翰·维恩的技能交叉点）。如果你能找出兴趣和强项的重叠之处，无论多么冷僻，总会有人付钱让你以此为工作。下面是一个真实的案例。

案例分析

技能交叉点：诺贝尔奖得主哈罗德·克罗托（Harold Kroto）爵士

20世纪80年代中期，克罗托是一位才华横溢的英国艺术家，他梦想着开设自己的科学平面设计工作室。同时，他也是一位颇有天赋的年轻化学家和研究员。他在萨塞克斯大学的团队正在对碳原子的性质进行一些有前景的研究，他们认为碳原子可以融合成一个网状物，由此产生的分子可能具有一系列不同的形状。

克罗托在两个所爱之间陷入了矛盾，他认真地考虑过要放弃学业去搞艺术。但最终他还是决定继续从事化学研究，看看是否会有什么成果。该研究团队后来发现了现在被称为富勒烯的物质，这种化学结构以巴克敏斯特·富勒（Buckminster Fuller）的名字命名，因为这种分子的一种形式看起来像富勒著名的测地穹顶。1996年，克罗托的研究团队获得了诺贝尔化学奖。

2013年，克罗托受谷歌邀请担任国际谷歌科学公平竞赛的评委。我的公司Charrette LLC受邀为谷歌制作一档访谈节目，来激发世界各地的青少年对科学和技术的兴趣。我们邀请了"克罗托爵士"——当时他已被英国女王封为爵士。他在节目中说，在他们的研究中，有一次，他决定用一种艺术模型来描绘富勒烯分子，而这个将原子结构的物理概念可视化的想法，最终引向了对分子性质的新发现。

克罗托于2019年去世。而这项为他的团队赢得诺贝尔奖的发现推动了纳米材料的一系列应用，包括神奇的石墨烯，这种材料的强度是钢的百倍。

技能的交叉点将创造越来越多的新机会。因为技能交叉点提供了一组特定的能力，所以该交叉领域上的工作竞争不仅会减少，而且这类工作往往会更加灵活地适应你，而不是由你去适应工作。

启示2：你有一些可称为"超能力"的技能，它们处在你所热爱和擅长的东西的交叉点

你的技能组合中最重要的一部分是你的一系列能力，它们位于你最擅长的技能和你最喜欢使用的技能的交叉点（见图6.2）。

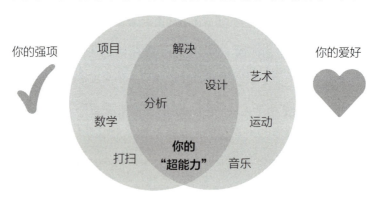

图6.2　你的强项和爱好

来源：Charrette LLC。

当我以十几岁的年龄当上职业顾问时，我发现如果我们喜欢使用某些技能，解决某些问题，我们就会有更大的动力来提高此技能。如果我们不断地练习和精进我们喜欢的技能，最终我们不仅会喜欢使用这些技能，而且会非常精通这些技能。

这就是"超能力"。

当然，很少有人能在工作中把自己擅长的和热爱的东西结合起来。几乎每个工作角色都有一些不完美的方面。但发展和使用我们的"超能力"能带来最大的满足感。如果你有资格雇用他人，雇用一个能兼顾爱好和强项的员工，会让你得到极大的满足感。

工作最有趣的地方可能就是使用你的"超能力"。人们通常不会用这个词来形容工作。"毕竟，工作就是工作，对吧？它不应该是有趣的。"我希望你和我一样认为这是一种老套的心态方式。当然，工作可以而且应该尽可能多地充满乐趣。如果不是，你可以发挥创造性，用解决问题的技能来让它变得更有趣。

案例分析

"超能力"传说：创新大师迪恩·卡门（Dean Kamen）

迪恩·卡门出生于纽约长岛。他在高中时发现自己在创新和发明上颇有天赋，成年后，他继续发明突破性的产品，从赛格威单人运输车到假肢应有尽有。当我的公司为谷歌科学博览会制作一档访谈节目时，我们邀请迪恩向世界各地的年轻人讲述他的人生哲学。

我们向迪恩和所有在场嘉宾提了同一个问题。"如果你能回到过去，给十几岁的自己提一条建议，你会说什么？"

迪恩回答说，他会转述父亲给他的建议。他说他的父亲杰克（Jack Kamen）是一位有天赋的艺术家和插画家，他激发了迪恩的特长。杰克鼓励儿子追随自己热爱的东西，去做自己喜欢的工作，但要确保自己足够专业，这样人们才会愿意付钱。

迪恩显然采纳了他父亲的建议。

启示3：你是一座冰山，你可能不知道自己竟有如此多技能

在《思考，快与慢》一书中，丹尼尔·卡尼曼指出，我们"对自己的盲目视而不见"。也就是说，我们甚至不知道自己有不知道的东西。我还要补充一点，我们甚至不知道自己知道什么。对于我们的技能来说，这两点都是十分正确的。事实上，我们对自身技能的了解往往还没有外人看得透彻。

几十年来，心理学家们一直在思考这个问题。1955年，心理学家哈林顿·英厄姆（Harrington Ingham）和约瑟夫·卢夫特（Joseph Luft）开发了"约哈里窗"（Johari Window）理论，这是一幅"幻方图"，用来说明自我认识与他人看法之间的相互作用。英厄姆和卢夫特称，有一些特征是我们已知的，

还有我们未知的。还有一些事情是其他人知道的，还有他们不知道的。你的"盲点"包括别人看到但你看不到的技能和行为，以及没人（甚至包括你自己）看到的技能和行为——这通常被称为"隐藏的潜力"。你不知道自己擅长数学或绘画，其他人也不知道，直到你偶然发现这一点。即便你发现了，你也可能会想："没什么大不了，谁都能做到。"

事实上，不是这样的，很多人都做不到。

案例分析

技能盲区：小船

2017年，我和妻子海蒂（她也是我的合伙人）带着公司为一群来硅谷进行创新游学的新西兰少年举办了一场"工作前景"研讨会。这些少年来自新西兰北岛的毛利部落。在美国斯坦福大学设计学院的这场研讨会上，我和海蒂带领这群少年进行了一次练习，帮助他们了解自己的技能。

我们在房间里走来走去，请他们谈谈自己解决问题的一次经历，并分析他们所使用的技能。但有一个叫卡莉的姑娘，根本想不到自己使用过某种技能的例子。她认为自己什么都没做。（如果你有一个十几岁的孩子，你就明白这是为什么：青少年要么认为自己什么都懂，要么认为自己什么都不懂）

最后，我请她讲一个故事，讲的是她做了一件有趣的事情，但这也费了一番功夫。起初，卡莉很害羞，她开始说起有一次，她想去邻岛上拜访她的一个朋友，但她的父母不想为她坐渡轮出钱。

于是卡莉自己造了艘小船。

我震惊地问她："你造了一艘船？怎么做到的？"

面对我愚蠢的提问，卡莉明显有点生气。她解释说："砍一棵树，挖空树干，刷上树脂，如此这般。"

我怀疑地问："这船不会沉吗？"

当然没有沉。

对卡莉来说，这没什么大不了的。大家不都知道怎么造船吗？但在湾区内城的这场少年游学研讨会上，这位小姑娘向其他几名少年展示了一项"超能力"。

我在第5章中用在组织身上的冰山比喻同样适用于我们每个人。你所看到的技巧就是冰山在水线上方的一小部分。但有太多的技能、兴趣、经验、动力和希望，你要么忘记了，要么看不见，都在水线以下。你如何让它们重见天日呢？

了解自己技能的关键是我们所说的自我盘点。（旧式规则的标签是"评估"，但你是唯一能够"评估"自己的人。）自我盘点源于这样一种心态：自我发现让你了解自己的优势、兴趣和目标。然而，在自我发现的过程中的至少一段，有必要拉进一个或多个外人，这样你就可以利用其他人的洞察力，这些人可能比你更能看清你处于水线之下的隐藏技能。

我们将在第8章中探讨一些用于自我盘点的工具。

启示4：你可以学习如何学习技能

对于我们的儿童和成人教育体系来说，最大的机会之一不仅是帮助人们学习，还有学习如何学习。

在本章中，我们通过认知探索了其中一些过程。我们大脑中的一系列复杂功能包含一系列可以加强学习的机制，因此它会在很长一段时间内伴随着我们。通过学习如何学习，我们可以更有效地收集、处理、抽象化、应用和保留信息。

这些启示对学习和发展技能的过程可以起直接作用。除非你发现自己可以毫不费力地学习一项新技能，否则你在学习过程中不可避免地会遇到阻碍。了解自己的奖励体系可以帮助你更好地制定克服困难所需的激励和抑制措施，并建立长期记忆，让你保留更多技能。

有时候这个过程也包括放弃学习。向导管理就是一个很好的例子。如果你认为，能给出最佳答案的人才能成为一名管理者，那么你可能需要先用一段时间忘记这个想法，从而改掉一些效率较低的行为，然后再学习如何成为能问出最佳问题的人。

技能的团队打法

现在，让我们将PACE技能应用到团队中。

　　把一个团队的成员想象成一群都有"超能力"的人。就像在超级英雄电影中一样，每次团队遇到问题时，团队中所拥有的"超能力"最对口的人就是解决问题的人。

　　还记得谷歌公司在亚里士多德项目中的研究中提到的团队的关键特征吗？心理安全、可靠性、结构和清晰、意义和影响，我在其中添加了心理多样性。这些因素都构成了团队工作的环境。

　　但一个团队实际上要做什么呢？我最喜欢的对团队行为的定义来自布鲁姆发展中经济体中心研究员雷切尔·祖姆巴克（Rachel Dzombak）。她指出了团队的三个主要特征：

● 他们致力于一个共同目标。这目标可能是短期可交付成果，也可能是长期任务。

● 他们的相互依赖性要求它们的工作步调一致。这让他们有责任定期沟通和同步信息。

● 他们相互问责、相互承诺并履行承诺。如果有人违反约定，他们就会互相挑战或支持。

　　除此之外，我还为这个颠覆频出的时代添加了第四条：

● 他们动态地围绕问题展开。团队成员一起合作，以了解他们试图解决的问题，将要执行的任务与团队中最对口的技能结合起来，并共同创建问题的解决方案。

案例分析

多元化心态的团队：Avito的领导者

我之前提到过，Avito首席执行官弗拉基米尔·普拉夫迪维是我见过的将心理多样性发挥得最好的首席执行官之一。想象一下，在一个团队里：

- 组织发展负责人曾担任管理顾问。
- 汽车事业部的总经理是一位优秀的数学家。
- 首席人力官是来自西伯利亚的社会学家。
- 首席技术官拥有计算机科学博士学位。
- 行政发展负责人拥有文学硕士学位和哲学博士学位，掌握五种语言的交流能力。

"我们鼓励意见冲突，"普拉夫迪维告诉我，"当两种不同的观点发生冲突时，它们会碰撞出一种更好的想法。"

很少有人能领导一个组织，将这种多元化的心态整合起来。但这样做的人将确保多元的心态和丰富的技能可以持续地结合在一起，以解决组织利益相关者的问题。

普拉夫迪维对像他这样组织领导者有什么建议？"对团队中的声音保持开放的心态，接受他们想法的多样性。保持对新想法的渴望，并不断探索如何才能变得更好。"

PACE技能与高效工作组的特征和行动非常契合：

● 请记住，团队是一群解决问题的人。（这就是团队提高效率的方式。）高功能团队中的每个人都是独立的问题解决者。有时候，团队会解决一个自己很清楚的问题，但在很多情况下，他们会处理一个新问题。如果他们将互补的问题解决技能集中在一起，他们将更有可能动态、有效地围绕问题并解决它。

● 团队是不断适应的。（这是团队保持契合的一种方式）他们不断地合作来理解和解决下一个问题，尤其是当这个问题是一个他们从未遇到过的独特挑战时。

● 团队会发挥他们的集体创造力。（这就是团队不断成长的方式）即使面对的净是些重复性工作，一个保障成员心理安全的心理多样化团队也将有无限的机会利用他们的集体创造力更有效地解决问题，并创造一个更具刺激性和乐趣的工作环境。

● 同理心（这就是团队维持参与度的方式）我们理解他人生活经历的能力是一项独特的技能。无论我们是与客户遇到的问题共情，还是与同事的想法和观点共情，还是社会弱势群体的困境共情，这种能力都是至关重要的。

请注意，我没有用"高绩效"或"高生产力"这两个词来形容工作组。请记住，在最糟糕的情况下，过分关注绩效可能荼毒不浅，将员工分化为"高绩效员工"和"低绩效员工"，同时又无法保证他们得到进步。

这就是为什么我用"高效""高功能"和"高度契合"这样的形容词。一个团队应该能够建立自己的指标，向组织的目标和团队中每个员工的目标看齐。

当"远程办公"成为新常态时：分布式团队的技能

随着团队的大部分工作分散各处，PACE技能从重要变为关键。

尽管几年前，像Upwork首席经济学家亚当·奥齐梅克（Adam Ozimek）这样有远见的人就告诉我，分布式工作有一天会成排山倒海之势。但"卓有成效"的以监代管模式让管理者不信任在自己视野之外工作的人，而且很少有组织敢冒险允许员工远程操作。

后来，疫情暴发了。

在《商业内幕》工作场所演变线上会议中，宝洁公司的普雷斯纳预测，一般员工每周只会在办公室工作三天。新心态下：身在办公室里，每个员工的心都是"远程"的。当无约束的工作模式成为社会默认选择，新一代工作模式完全实现的可能性便大得多。

当然，从不同的角度认识分布式团队的优劣是很重要的。如果你非常内向，分布式工作是很棒的。但如果你非常外向，你可能会觉得自己被疏远了。如果你苦于寻找合适人才，那么把招聘范围放大到全世界可能带来令人惊喜的结果。

但如果你的工作只是快速招人、雇人以填补工作网，你可能会觉得生活变得非常复杂。

许多员工一旦体验过分布式工作，再回到办公室现场工作时，就想要有更大的灵活性。2021年年初，LiveCareer网站的一项研究发现，在接受调查的1000名员工中，61%的人希望至少有一部分时间继续在家工作。这意味着，启用分布式团队是新一代组织的一项新技能，辅以一个技巧和技术工具集，就能使组织拥有比以前多得多的多样化人才。

分布式团队最重要的技能是什么？你猜对了。那就是提高效率，促进成长，带动参与以及增强凝聚。

美国旧金山湾区的作家约翰·奥杜因（John O'Duinn）为协调分布式工作组提供了宝贵经验。我把奥杜因的书《分布式团队》（*Distributed Teams*）称为"分布式工作者的宝典"。奥杜因在新冠疫情暴发前就出版了这本书，很少有作者能如此有前瞻性。

和奥杜因一样，我尽量避免使用"远程工作"这个短语，因为它衍生自传统的工作等级制度，这种制度剥夺了员工选择的权力，其本身就不应该存在。在公司办公室工作的不是"本地人"，其他地方工作的员工也不是"远程人"。为了真正地提高参与度，团队的心态必须是"分散"的，哪怕一个地点只有一名员工也一样。

向高度分布式的、自治的组织学习

从何时起组织不再是组织？答案是：当它是分布式的、自治的、数字化的或以上皆有的时候。

改变组织领导者的传统角色、协调高度分散的组织的战略实际上并不新鲜。有许多例子表明，组织要么采取某种形式的合弄制（无领导或自治），要么是完全分散的（没有中心办公地点），要么两者兼而有之：

● 戈尔公司（W.L. Gore）是一家户外服装生产商，拥有一款叫作戈尔特斯（Gore-Tex）的独家面料。自20世纪70年代中期以来，该公司一直不设领导。多年来，戈尔公司的另一个著名目标是将办公室规模限制在150个，英国人类学家罗宾·邓巴（Robin Dunbar）估计，这个数字是普通人能记住的姓名和面孔的最大数量。戈尔公司采取了一些做法，比如鼓励新员工在公司里四处走走、采访同事、寻找未解决的问题，从而找到自己合适的工作岗位，以及让员工自定义头衔。

● 晨星公司（Morning Star Company）是一家估值7亿美元的企业，承担了加利福尼亚州四分之一的番茄生产。该公司有400名员工，他们的公司没有传统的管理人员。[播客节目《工作生活》主持人亚当·格兰特与《没有领导的世界》（*A World Without Bosses*）作者丹·平克（Dan Pink）在TED官网上对晨星的管理模式发表过精辟的见解。]

● Basecamp（前身是37Signal）推出了一款备受欢迎的

团队项目管理工具，它自成立以来一直是一个完全分布式的组织，连一个办公室都没有。2013年，联合创始人戴维·海涅迈尔·汉森（David Heinemeier Hansson）和杰森·弗里德（Jason Fried）合著了一本关于分布式工作的书，帮助其他人学习他们的分布式管理策略。Basecamp还建议员工将每周工作时间限制在40小时以内，这一做法旨在鼓励人们在工作和生活之间划清界限。

● Automattic是博客平台WordPress的开发商，拥有1200名员工，遍布77个国家和地区。自2005年成立以来，Automattic一直采用分布式管理。

● 零工招聘平台Upwork有2000名员工，但其中只有四分之一是全职员工。其余1500人实际上是在其平台上工作的分布式员工，其中一些人已经在该平台工作了十多年。

● 维尔福软件公司（Valve Software）成立于1996年，是一家没有明确的管理层级或高层领导团队的公司。该公司已将其人力资源手册发布在网上，其"层级"说明图类似节点图和网络图——大概可以算是一张工作网。该公司雇用新员工通常考虑文化背景和一系列能力，但很少为了特定的工作角色而招聘。

以下是我们可以从这些遵循新一代规则的组织中获得的三个关键启示：

（1）在这些组织中，领导者展示了一套高度一致的技能，比如模糊边界、不断适应、开诚布公和不断调整，所有这些都体现在新一代规则的技能中，尤其是成长和凝聚。

（2）在理想情况下，完全分散和自治的组织赋予员工个人权力，重视技能，重视解决问题、创造价值，并以新的方式提供机会和财富。但只要组织里仍然有人，就会有人身上所有的优点和缺点。从这些公司的行为模式可以看出，"无领导的组织"有时还是要听命于某人。在这些公司，个人权力取代了职位权力，而那些唯我独尊、目标明确的人往往会主导决策。这些可能是此类组织的社会结构中的设计缺陷，也可能是人类互动的必然产物。这恰恰说明了人们以凝聚心态"参与"组织的必要性。

（3）我们需要更加关注一个组织的本质，从它如何创造价值，到它如何引导人类的工作。在一个急剧变化的世界里，全新的组织形式是可能的。

凳子的第三条腿：工具

我们探讨了成功组织的心态和技能，以及个人、团队和团队领导的心态和技能。接下来，我们将深入研究工具、技巧和技术，以帮助个人、团队和组织掌握新一代规则。

TOOL

进化型组织
应对数字化变革的心态、技能和工具

第**7**章

组织的新一代工具

战略技巧和技术工具似乎层出不穷。随着我们逐渐转向新一代工作规则，我们需要评估我们的工具，看它们能在多大程度上帮助我们解决问题，并为我们的核心利益相关者创造价值。

你可以通过几个简单的原则来评估许多用于实现提高效率和凝聚力的工具是否有效。依据它们为四条核心新规则提供动力的能力，你可以评价具体的技巧和技术的标准。

● 成长工具，帮助工作网中的每一个人不断地、最大限度地发挥自己的潜力，并实现全面发展。

● 效率工具，帮助人们不断创新以解决问题并为利益相关者创造价值，适当且包容地为员工的贡献许以激励和奖励。

● 凝聚工具，帮助独立创新和分散各处的广大人员时刻保持凝聚力，并向组织的战略目标看齐。

● 参与工具，使员工能够得到包容性雇用、发展和晋升，鼓励个人和团队驱动的增长、提高效率和整个生态系统的凝聚力，并始终以利益相关者的需求为基础，尤其注重社区和社会的需求。

许多组织领导者都非常关注数字化转型的工具。但重要的是要记住，数字转型往往更多地与赋予员工权力有关，而不是与任何特定技术有关。

魔杖时间又来了

我一挥魔杖，突然，你和另外六个人出现在一个美丽的公园里，每个人各自坐在一张小长凳上。

你转向左边第一个人，好奇地问："你是谁？"

"我是你的客户，"对方回答。"如果你能满足我的需求，我就会购买你的组织开发和提供的产品和服务。"

你对此大感兴趣，开始询问客户面临的最重要问题。你需要弄清自己能为对方创造什么价值。当然，客户不会告诉你如何解决这些问题并创造价值。因此，你可以在脑中构思解决方案，用口头表达你的想法，并与客户共同商议。

然后你转向第二个人："请问你是谁？"

"我是员工，"对方回答说，"如果你雇用我，我将帮助你解决问题，并为这位客户解决问题创造价值。"你的客户微笑着点头回应。

你对和员工交谈也很感兴趣。你可以弄清他们觉得自己有哪些"超能力"，他们最喜爱和最高效的技能是什么，以及他们最需要什么才能在工作中发挥效力，并拥有一段充实而高产的生活。你可以深入探究对方的心态。

然后你的注意力转向第三个人。你还没提问，对方便开口："我是你潜在的合作伙伴和供应商。我可以为你提供一些你需要的资源，这样你和你的员工就可以为这位客户提供价值。而我也直接为客户提供价值，这意味着你我可以共事。"你与合作伙伴供应商讨论对方的组织目标是什么，对方最适合解决的问题是什么，以及对方最擅长提供的价值。

第四个人显然很激动，这边还没讨论完，对方便脱口而出："很抱歉打断一下。我是你们经营所在的社区。我相信你们会给我们带来很多价值。但说实话，这并不都是好消息。我不认为你们在招聘中会反映本社区的需要。我不认为你会对一些你们称之为'负外部性'的问题负责。事实上，我认为我们并没有实现应有的同步。我对你们有很多质疑，我不认为你真正意识到你可能是在制造这些问题，而不是解决这些问题。"

你仔细聆听，消化了一番对方的话。"我听到你的诉求了。我知道我需要做更多的事情来回应你的需求。在领导一个组织时，我也会有一些疑虑，尤其是当我无法从你的社区雇用到技能对口的人时。让我们谈谈如何更好地理解和满足彼此的需求，并不断保持相互契合。"你们一起讨论各自可以采取的一系列行动，并坚定地承诺会有后续措施。

然后，你转向第五个人。"困难你已经猜到了，"第五个人说，"我就是地球。你和其他许多像你一样的人，除了一些最起码的地方，已经有一段时间没有把我作为利益相关者考虑了。这样下去是不行的，所以是时候拿出一些非常具体的发展路线了。"在某种程度上，这番对话是最难应对的。但对你来说，可以用一些重大的、切实的步骤做出真正的回应。

这段对话既伤脑筋又令人激动，但还有一个问题需要讨论。"可不能把你忘了。"你对第六个人微笑着说。

第六个人满不在乎地挥了挥手。"我是你的股东，我们其实没什么好谈的。只要你能满足前几位需要……"第六个人指指公园里的其他人说"我知道你会成功的。然后，我就没有意见了。"

你深吸一口气，然后意识到这次会议是一次良机。你多久才能和利益相关者直接对话一次，并让他们互相交流？从现在起，你将更加清楚，如何为组织制定战略，以及该选择何种工具来执行该战略。你决定定期进行这种讨论，好与所有利益相关者保持契合。

为利益相关者提供价值的组织技巧和技术

与组织的利益相关者建立联系的愿景为组织工具集中的技

巧和技术创造了背景。

在前几章中，我们重点讨论了亚里士多德画布上的心态和技能，以及内容、对象、时间和地点。现在，我们将关注如何用工具打开新一代规则。

就像爬山一样，你的工作和组织中肯定有许多问题，可以完全由人类利用契合的心态和技能来解决。不过，使用适当的工具可以更高效地解决许多问题。当你攀登冰墙时，降落伞可能派不上多大用场。而我们知道冰镐是解决这个问题的趁手工具。

组织这张凳子的第三条腿是技巧和技术组成的工具集，它可以使组织解决问题并为利益相关者创造价值。我们的目标不是探索与业务战略和执行相关的每一项战略技术，也不是涵盖整个组织中使用的每一项主要技术。我们将关注在整个组织内推行四条核心新规则（效率、成长、参与和契合）所倚仗的技巧和技术。

当然，工具只有在有助于解决问题的情况下才有效。无论你想用的是一种技巧还是一种技术，都要小心避免"工具定律"。这是美国哲学家亚伯拉罕·卡普兰（Abraham Kaplan）提出的概念，他在1962年说过："给一个小男孩一把锤子，他会发现他遇到的一切都需要敲打。"〔四年后，美国心理学家亚伯拉罕·马斯洛（Abraham Maslow）说了一句相似的名言："如果你唯一的工具是锤子，那么，你往往会把一切事物都看成钉子。"〕当你试图解决问题时，使用不匹配的工具，轻则浪费时间，重则带来糟糕的后果。

与所有工具一样，评价标准也很简单。它有用吗？在对"工作"的理解上，你需要与其他利益相关者和合作者保持契合。我们还将讨论如何实现这一点。但是，如果你与整个组织一条心，那么你就可以很好地确定某个工具是否有用。如果它不起作用，要么根据你的情况调整工具使用方法，要么扔掉它，然后找到或创建另一个工具。

工具的"嗅探测试"：椋鸟原则

椋鸟是一种中等体型的鸟，其分支遍布世界。因为椋鸟是入侵物种，所以很多鸟类学家并不特别喜欢椋鸟。我通常不觉得椋鸟有什么可欣赏的，除了它的一个特点：随时保持凝聚力。

成列而飞的椋鸟被称为"椋鸟群飞"，这个充满画面感的词倒能让人升起几分敬意。群鸟列阵飞行的场面甚是壮观。鸟群盘旋起伏，像是一个有自觉的整体在运动，又像是一个状若极光的生物在飞行。椋鸟群飞时，何止成千上万，堪称遮天蔽日。然而，即使这么多鸟聚集在一起，它们仍能齐头并进。这是怎么做到的呢？

通过建立椋鸟飞行的计算机模型，研究人员发现他们可以根据几个简单的原理复制椋鸟的运动。科学家称之为"向临近个体快速传播局部行为反应"（听起来像是心态凝聚）。其中有三种基本策略：

● 观察周围的鸟，跟上它们的速度和方向。

● 如果你离一只鸟太近，稍微移开一点，朝着开阔的地方去。

● 一旦你偏离身边的鸟，就重新向它们靠拢。

一只椋鸟能同时观察几个同伴？答案是大约六个。你可以观察六七个离你最近的人，并遵循这三条基本原则。（听起来是新一代团队的理想规模。）

还有一个重要因素：椋鸟反应迅速。拍打一两次翅膀的工夫，它们就能根据边上同伴的动作实时调整。一次又一次，一次又一次。

那么我们能从椋鸟身上学到什么呢？想使用椋鸟原则，只需四个词：简单、同步、速度、规模：

● 工具的掌握和使用必须简单，而不是简陋，它们需要复杂到刚好能让人们做出和谐且切实的决策，并采取有效的行动。

● 工具必须有助于同步，以帮助人们保持契合。

● 工具必须能够加快速度，但这个速度不是指本能反应的速度。与其他团队成员协调一致的快速行动确保团队能够做到问题快速响应。

● 工具必须在整个组织内成规模应用。一个仅在组织局部可用的工具可以帮助解决一个重点问题。但它必须具有广泛的适用性。

椋鸟比喻的一则启事对创新很有用：走向开放空间。组织中的创新者不会反复讨论相同的问题，也不会使用以前使用过的相同心态。他们走向开放空间，冒着风险，想办法将解决方案优化十倍。

组织工作工具的设计要求

我们需要什么样的技巧和技术来辅助心态和技能，来支持新一代规则、解决问题并为组织关键利益相关者创造价值？

我将把这些归纳为一组需求，并为所需的各种战略流程（技巧）和软件（技术）提供建议。其中一些已经问世，但很多还没有。

提高整个组织效率的工具

组织了解每个员工的独特性，包括他们的认知和学习风格。用软件工具无缝衔接其他技术，如虚拟现实和增强现实穿戴的耳机和眼镜、神经传感耳机以及在线学习平台。还有人工智能教练工具补充他们现有的技能，以增强他们的能力，并帮助每个工人快速学习新技能。

组织帮助员工不断了解他们在工作中的效率，并看到他们的工作环节与为利益相关者创造的价值之间的联系。匿名收集其他团队成员的意见，将这些意见汇总成一组建议中，供员工与团队领导者进行讨论。用软件帮员工和团队领导者就效率（过去被称为"绩效"）开展无缝对话，同时帮团队领导者开展有效的指导工作。

组织追踪所有员工希望获得奖励的方式，包括薪酬与特殊福利。利用微观福利来确保即使是外包员工和临时工也能得到合适的报酬。跟踪员工对帮扶性政策的需求，例如申请育儿假等方面的帮助。一旦员工的事业重心发生变化，例如当孩子出生或独立时，员工的薪酬也要相应变化。对全职员工到临时工和实习生，所有人一视同仁。

组织的目标原则也会塑造激励机制。当所有团队成员都遵守学习计划，并且按计划休完假期（如节假日和学习微休假）时，团队领导者会得到奖励。当团队领导者鼓励团队成员为跨专业项目做出贡献，并且在整个生态系统中开放该项目时，也会获得奖励。组织帮助团队领导者从组织之外的其他地方轻松找到所需的人才，将传统的"人才垄断"心态扫进故纸堆。团队领导者只要有意创造有价值、高薪、稳定的工作角色，就会得到奖励，这也是为社区创造"好"工作的目标原则所要求的。

案例分析

跨职能创新工具：指数型组织冲刺计划

奇点大学有条为人乐道的格言：要培养指数型心态和行动。而催生指数型心态和技能的一种方法是一个叫作"指数型组织冲刺计划"（ExO Sprint）的工具。

萨利姆·伊斯梅尔（Salim Ismail）是一位加拿大企业家，曾任雅虎创业孵化器 Brickhouse负责人，现为奇点大学的创始执行董事，也是《指数型组织》的合著者。今天，指导企业通过创新练习转变心态、加速创新和促进成长的职业叫作催化师，而萨利姆的公司ExOWorks编织了一张全球催化师网络。

萨利姆和其他人为世界各地的企业和政府提供了冲刺计划指导，帮助利益相关者共同制订可行的计划，以加快转型。冲刺计划通过一系列练习指导协作小组，运用"登月心态"和"十倍心态"的技巧来放大和扩展解决复杂问题的最佳想法。冲刺计划的步骤包括准备（计划、唤醒、契合）、执行（发现、中断、构建、启动）和跟进。

你可以在伊斯梅尔的书《指数型组织实施手册》（*Exponential Transformation: The ExO sprint playbook*）中读到更多关于冲刺计划的技巧，该书旨在帮助你的组织应对行业动荡，让世界变得更好。

促进整个组织成长的工具

每个员工都可以管理自己的工作组合。员工知道自己最喜欢的技能，并且有一套连续的流程来确定他们工作中的优先事项，例如他们最喜欢解决的问题类型、他们想要在哪里工作、什么样的工作环境能让他们做到最好，以及他们喜欢什么样的轮班制度。

组织教导每位员工以一套全面但完全私人的观念看待自己的健康状况，包括心理、身体、情感和社交健康。为不断改善员工的健康状态，组织要给出温和有效的建议，鼓励员工尝试正念训练等技巧，并为每位员工创造便利途径，让他们寻求支持服务时不会招致非议。

组织允许每个员工管理学习组合。每个员工都有一份全面的、最新的、关于自己技能和其他特点及兴趣的清单。每个人都有一个指南针，可以找到自己的意义或目的，指导自己的工作和学习。今天，用于协调学习安排的软件工具通常被称为学习管理系统。但新一代工具看起来更像是一个人工智能驱动的教练系统，它对每个员工的技能和抱负都有深入的了解。

组织协调创新过程，如内部"黑客马拉松"❶、"失败营"和创新竞赛。这样做，好点子一旦萌生，就能通过价值链传递

---

❶ 一种连续、集中式的编程活动。——编者注

出去，与活生生的利益相关者一同打磨和检验，确保不错失任
何一个好点子。组织还要不断认可和奖励勇于试错的人。

带动整个组织参与的工具

组织支持包容性和协作性的招聘流程。无论是针对一个短
期项目还是长期岗位，组织都会一条龙地带领团队向导和团队
找出要解决的问题。组织与在线人才市场及员工网无缝连接。
组织确保招聘过程具有包容性，让团队获得最佳人才。这些过
程旨在消除偏见，避免尚处于早期的机器学习应用程序犯错，
进而强化旧的偏见。组织还要确保员工将获得尽可能合理的薪
酬，不仅通过实时跟进行业标准，而且通过组织自身的目标原
则，例如鼓励雇用弱势群体。组织将招聘作为一项团队运动，
员工、团队向导和应聘者共同创造工作角色。

组织通过工作网生态系统不断发出强烈的需求信号，确定
尚未解决的问题，以及需要人力资源的项目。组织使用的软件
工具汇总了有关所使用和所需技能的信息，并在整个工作网中
提供这些信息，包括学校、培训班和学习平台。向工作网中的
人提供组织自己的培训材料，以便他们更好地满足组织未来的
需要。这些市场信号与其他组织（包括竞争对手）的市场信号
相结合，并由社区、教育工作者和政府用于确定社会需求和机
会。你的组织将有关其技能生态系统和本体的匿名信息共享到
一个开放的全球结构中。（更多信息，请参见后文的"破解人

类技能密码：我们需要一个工作基因组"）

　　组织将员工最喜爱的技能与组织面临最具挑战性的问题相匹配。帮助员工探索未来的职业前景，找到与这些机会相匹配的学习机会，并不断开发新技能。这种软件技能鼓励人们保持好奇心和创造力。组织收集有关员工学习内容和技能发展的信息，宣传哪些员工获得了荣誉和其他表彰，并将这些数据及时提供给工作网生态系统中可能正在寻找此类人才的其他人。软件技能还将帮助员工管理应时应景学习体验和长期学习，并尽可能使学习成为员工与其他员工的团队运动。

案例分析

通过设计提高参与度

　　总部位于纽约的Ultranauts是一家陆上软件和数据质量工程公司，为彭博新闻社、伯克希尔·哈撒韦公司、纽约梅隆银行、信诺保险公司、美国全国广播公司（NBC）、华纳媒体和Slack等重磅客户进行网站测试。2018年，我在一次会议上遇到了该公司的首席执行官拉杰什·阿南丹（Rajesh Anandan）。

　　Ultranauts成立于2013年，团队成员遍布美国29个州，其中75%为自闭症患者。自成立以来，该公司一直在重新构想一个组织如何招聘人才、管理团队和促进职业发展。Ultranauts使用数据驱动的招聘来客观地评估人才，灵活的商业实践使其能够利用每位员工的独特优势，以及促进持续学习的文化。由于它能继续为客户提供极具竞争力的价值，该组织的年收益增长率已超过50%。

阿南丹说："如果你能创造一个环境，接纳一群非常不同的人，创造条件让他们真正发挥自己的优势，你的公司就能进步。这对团队、业务和客户都有好处。"

增强整个组织凝聚力的工具

组织的愿景和使命是明确的，并且明确、频繁地进行沟通和强化。组织的真实目的反映在一组目标和指标中，并以其他组织为基准。如今，这被称为即环境、社会和公司治理（Environmental、Social and Governance, ESG）。这三个指标逐渐成为对组织宗旨的衡量标准，从吸引注重ESG的投资者到招人留人等环节，它们从各个方面使公司受益。

组织对关键利益相关者面临的核心问题有持续准确的了解和共识。这包括当前和潜在的客户，以及你的其他利益相关者，如员工、合作伙伴、供应商、你运营的社区和地球。（请记住，如果其他利益相关者的需求得到满足，股东的需求也会得到满足）

组织对其工作网内的当前技能有一个全面的了解，并为你提供了进行情景规划的能力，以优化该组织的当前技能，以及规划未来技能。组织为员工谋划职业道路，确定学习差距，并提供培训机会。

我在第3章中提到了平衡计分卡，这是一种用于提高凝聚力的技术工具。在这个利益相关者众多的时代，我们应重新构想积分卡，帮助组织设计一个"正和生态系统"，把组织及其合作伙伴、供应商和社区相互关联起来。可以考虑使用"生态系统战略地图"，帮助那些领导者制定让关键利益相关者满意的战略。

数字化转型又如何呢

许多人看到科技公司的成功实践，也想为自己的组织注入相同的秘诀，于是便将数字化转型挂在口头。他们的想法是，通过鼓励员工将技术贯彻到整个组织，他们将效仿硅谷，从而获得成功。

2020年年底，麦肯锡咨询公司对不同行业的800名高管进行了一项调查，发现85%的人称，他们在员工协作和互动等领域加大了数字化投入，其中许多是受到新冠疫情的影响。尽管一些人觉得，从手机到视频通话的转变就符合"数字化转型"的要求，但许多组织称，从供应链数字化到人工智能软件开发等一系列举措才真正地进展显著。

毫无疑问，拥有现代数字基础设施的组织正获得越来越大的优势。由灵活的技术工具支持的"数字优先"技能让一个组织可以更灵活地做出反应。那些已经投资了家庭宽带连接、功能强大的台式电脑和团队协作软件的公司，在面对全球变革时，已经做好了快速适应的准备。

然而，正如我所提到的，数字化转型的焦点过多地集中在为了降低成本、提高效率而对人工任务自动化上。我们需要彻底改变这种心态方式，以便开发一种不同的工具——一种强化人类并赋予他们"超能力"的技术。

> 我们需要彻底改变我们的心态方式，以便开发一种不同的工具——一种强化人类并赋予他们"超能力"的技术。

这也许是新一代组织可能做出的最大投资。通过开发技术，来帮助员工了解自己的技能、更快地学习、更有效地解决问题、更快速高效地协作（尤其是针对分布式团队）以及扩大员工能力范围，组织将建立更高效的工作网。

不过，请记住，数字化转型与技术型工具的关系很小，但与新一代规则心态关系很大。组织的技术方面确实必须提供必要的工具，使组织能够继续接纳新一代规则。但由于数字化转型与其说是任何特定的技术，不如说是一种心态方式的转变，组织领导者必须将数字化举措首先视为一种文化变革，其次视为一种技能培训要求。

在工作语境下实行数字化转型，想获得实践参考，可以读一读《重塑工作》（ *Reinventing Jobs* ），作者瑞文·杰苏萨森（Ravin Jesuthasan）是美世咨询公司（Mercer）的高级合伙人兼全球转型领导者。

接下来：员工和团队需要什么工具

跨职能工具可以在整个组织内提高有效性、成长性、参与度和凝聚力。了解这些工具带来的机会很重要。但对真正能检验这些技术的是，它们如何让每个员工和团队解决问题，并为组织的利益相关者创造价值。在下一章中，我们将研究各种方法，以促进员工和团队推进新一代规则。

第8章

员工和团队的新一代工具

创新者正在不断创造一系列惊人的新技术，为员工和团队的下一步工作提供动力。尽管特定的工具和供应商将不断变化，但员工和团队的工具箱始终包括：

- 效率，如目标与关键成果法和剔除繁文缛节。
- 成长，如自我认识和应时应景学习。
- 参与，如包容性设计思维和包容性招聘。
- 凝聚，例如快速原型法和凝聚分布式团队。

为员工和团队提供解决问题和为组织利益相关者创造价值所需的工具箱是组织的头等大事。

当你读完本章时，你将通过思维、技能和工具完成对新一代规则的解读。然后，使用战略箭头来绘制所有这些元素之间的相互联系，你就有机会贯通所有环节。

再次跳进"时光机"

我们将时间设置为20年后，目的地是巴西圣保罗。

你和我站在市中心的一个公园里。我们遇到了吉娅，她大概二十五六岁。我们要求吉娅描述她前一天的工作日程。

吉娅说："昨天，她那可以调节脑波的智能枕头让她睡了一个好觉，然后，起床第一件事便戴上增强现实隐形眼镜。人工智能（AI）助手上网查看了吉娅当天的日程安排，并根据其对吉娅兴趣、技能以及工作和学习组合的了解提出了建议。

吉娅对古希腊文化非常着迷，AI助手说一个小时后，古希腊文化爱好者将在附近的一个公园里举行一次快闪集会。AI助手叫来了一辆自动驾驶汽车，在前往集会的路上，吉娅的隐形眼镜上显示了一系列信息，介绍着路旁的建筑历史。

吉娅找到了几位同好，这些人都带着内置AI助手的有框眼镜或隐形眼镜。所有人的眼镜同时切换到虚拟现实模式，一瞬间，他们仿佛走在古希腊城市街道上，身边的人是来自世界各地的虚拟投影。吉娅一行人一起探索这座古老的虚拟城市，互相学习建筑、服装和商业有关的文化和知识。

一个小时后，吉娅向这些新朋友道别，并在附近的一家创客咖啡馆落座，开始完成几个项目的工作。这家咖啡馆的网络信号不好，于是吉娅通过卫星网络使用了千兆级的无线连接。

从年轻时起，吉娅就对各种各样的学科感兴趣，比如空间、植物、人工智能和机器人。这些学科的交叉点是天体植物学，吉娅在AI助手的指导下，通过各种应时应景的线上或线下学习项目，对这一学科进行了深入研究。

吉娅听说，未来火星殖民地面临的挑战之一是在恶劣环境种植作物，而且可能必须在地下种植。碰巧，在线工作市场上，一家新成立的去中心化自治组织（DAO）发布了一份在火星设计垂直农场的工作。吉娅有一份经过验证的数字技能档案，AI助手借此与对方洽谈并成功分配到一个付费项目，任务目标是设计机器人系统，以在地球轨道空间站、前往火星的火箭和火星上照顾作物。

在咖啡馆，吉娅使用软件工具自动生成设计初稿，不断调整设计，以提高机器人照顾作物的精确度和轻巧度。吉娅不时向世界各地的合作者发送问题和回复，并让AI助手翻译成当地语言。

经过几个小时的设计，吉娅终于满意了，上传了她的设计参数，并结束了这天的工作。

我们感谢吉娅分享的精彩故事。当我们离开时，你我向彼此投去微笑。我们展望了一个多么令人惊叹的未来啊！

然后我们看一下"时光机"上的仪表盘，上面显示着现在的年份。我们又一次原地旅行了。（也许我们的"时间机"有个故障需要维修）

事实上，我刚才提到的所有技术在我写这本书时就已经问世了：

智能枕头已经具备监测睡眠质量和播放舒缓音乐等功能。

内置AI的智能眼镜，比如亚马逊的Alexa智能眼镜，已经上市。几家生产抬头显示器的创业公司也已推出增强现实隐形眼镜。

许多大学研究人员已经使用植入式芯片，让截瘫患者通过精神和运动脉冲的组合来控制机械臂和机械手，一些研究人员已经实现了简单的脑机接口信息传输。

游戏公司育碧（Ubisoft）出品的游戏《刺客信条》（*Assassin's Creed*）提供了一个沉浸式的古希腊"虚拟世界"，让世界各地的教育工作者可以创建自己的故事线。

● 在旧金山等城市，无人驾驶的出租车已经开始试点。

● 天体植物学是一门真实的学科。

● 埃隆·马斯克的太空探索技术公司SpaceX已经有了一个行星定居计划，其口号是"让人类成为多星球物种"。

● SpaceX的星链卫星系统已经能以每秒超过100兆的速度提供互联网接入。

● Autodesk等公司已经开发了"一键生成"的设计软件，可以根据人类需求创建数千个版本的建筑模型。

● 阿联酋航空公司正在迪拜机场建造世界上最大的垂直农场，以为其航班提供新鲜的水果蔬菜。

未来不太可能是均匀分布的。

个人和团队的新一代工具

正如我们在导言中对未来工作的简要介绍中所看到的，颠覆性技术出现的速度和规模在继续加快和扩大。新一代组织需要培养的一项重要技能是不断找到合适的工具为利益相关者解决特定问题的能力。技巧和技术之间没有明确的界限。如果一项技巧成功了，一些创新人士总是会通过软件来启用它。

以下所列技巧和技术肯定不能包治百病。但它们至少有助于促进你的思考和研究，让你确定哪些额外的工具对你有帮助，尤其是在你的组织中，有助于推动新一代规则的普及。

如果说有一类技术型工具为新一代规则提供了最光明的未来，那就是机器学习和人工智能。在最理想的情况下，新一代工具将有助于减轻日常任务、促进学习、个人发展、团队协作和目标实现，并将对人员和组织产生变革性影响。然而，在最糟糕的情况下，从机器人流程自动化等技术可能会削弱员工的力量，反而固化他们想要改变的做法。这就是为什么在以人为中心的实践中选择组织使用的工具是如此重要，这些工具实际上能帮你如愿实现权力下放。

提高员工和团队效率的工具

目标与关键成果法（OKR）

OKR风靡硅谷的原因很简单，因为这是目前最高效的工具之一，可以确保：①团队领导者和团队成员之间进行定期对话；②在期望的目标上达成一致；③就实现这些目标的重要步骤是什么达成一致。许多组织使用OKR来确保有明确的目标，了解如何衡量进展，并时常讨论进展情况。OKR最初是作为一组技巧和实践进行管理的，但随着软件工具越来越多，团队和团队向导组织OKR规划和讨论过程也更加容易。

OKR通常与KPI挂钩。员工需要知道，哪些商定的指标将他们的工作与解决的问题和为利益相关者创造的价值联系起来，这样他们才能跟踪自己的结果。但我更倾向于给这些关键的有效性指标贴上标签，因为许多目标和指标，比如满足当地社区的需求，不仅难以与传统的绩效指标联系起来，而且还可以强制对没有直接相关性但仍然是组织宗旨核心的结果进行盈利分析。

想要了解OKR，可以读一读传奇风险投资家约翰·杜尔（John Doerr）的《这就是OKR》（*Measure What Matters*）。杜尔曾是硅谷一些知名企业的早期投资者，因此他在书中列举了一系列耳熟能详的品牌，来展示结构化工作如何能为组织构建效率引擎。

剔除繁文缛节

员工和团队指导面临的挑战之一是沟通和协调的烦琐手续。Asana和Atlassian等公司提供了减少非必要手续的工具，让团队活动中的沟通和协调更顺畅。因为通过协作软件引导工作，减轻了远程工作的负担，所以这种方法不仅提高了团队的协作性，还可能增加分布式团队人员的参与度和团队工作的凝聚力。

促进员工和团队成长的工具

自我认知

每个组织都应该致力于帮助员工不断获得对其自身能力、经验和兴趣的新认识。你最喜欢的技能是什么？你的"超能力"是什么？你最了解哪些学科？在工作和学习中，什么最能激励你？你的价值观是什么？我们用亚里士多德的画布探讨了其中的一些问题。

自我盘点软件可以帮助你深入了解自己的知识、应变和自我技能。例如，我们在eParachute网站发布了一个简单的卡片分类练习，在几分钟内就能帮年轻人整理出基本技能清单，然后列出使用者可能感兴趣的领域，点击就能查看并收集更多信息。现在流行的克利夫顿优势识别器通过练习帮助人们盘点各种知识、应变和自我技能（不过它不采用这些分类标签），生成专有技能模型，并提供个人优势分析。另一个广受认可的是《设计你的生活》（*Designing Your Life*）一书，这是一本职业展望书，由美国斯坦福大学设计学院的教师编写。

你可以在《你的降落伞是什么颜色？》中的"花图练习"中找到亚里士多德画布的补充练习。再提醒你一遍，我的父亲第一次写这本书是在1970年，直到他2017年去世前，对这本书进行过几十次更新。2014年，我们父子和我们的商业伙伴埃里克·巴内特（Eric Barnett）共同创立了eParachute公司。花图练习的七片花瓣各代表一个"个人方面"，这些方面构成了工作的主要部分。

破解自己的行为

我们在第3章中讨论的组织范围内的心态转变不仅可以通过协作解决问题的技术实现，还可以通过有助于鼓励新行为的技术实现。在第4章中，我讨论的技术来自Cognitas和美国斯坦福大学行为设计室的B.J.福格。另一家为自我驱动的行为改变提供支持的公司是Cognician.com，该公司提供定制的学习体验，帮助组织领导者以及整个组织的员工致力于采用新心态并获得支持。

应时应景学习

这些工具可以帮助员工了解他们需要什么才能直接解决面前的问题，并在解决问题的过程中学习。当有明确的问题需要解决时，最好使用这些技术。许多在线学习服务，如领英学习平台、Pluralsight、Edcast和EdX，都提供"学习路径"，将课程聚合为学习体验，提供简洁的学习爆发力，并辅以可立即付诸实施的技术。为了形成具体的建议，Pluralsight以"技能本体论"为指导，该套理论将基于对你技能的理解为你提供学习机会。一些在线学习服务开始提供"徽章"，即微学位之类的数字证书，用来"证明"你学到了什么。这些技能将越来越"可堆叠"，你可以将它们分层罗列，以证明你已经掌握了一套在当前或未来工作中有用的技能。

带动员工和团队参与的工具

包容性设计思维

问题解决者需要一些技术为自己赋能，使他们更好地理解自己正在努力解决的问题，并提出更有效的解决方案。设计思维最初是由IDEO公司开发和倡导的，它提供了一种解决问题的方法，引导团队理解利益相关者的问题，并且定义需求，然后构思、打样和测试可能的解决方案。

这些实践中，人们经常忽略要使其具有包容性，让真实的利益相关者或对利益相关者的生活经历有深入了解的人参与进来。下面来分析一个案例。

案例分析

同理心倡导者：弗吉尼亚·汉密尔顿（Virginia Hamilton）

汉密尔顿是"公共部门创新催化师"。对一些人来说，这个头衔听起来可能有点矛盾，因为政府通常不会和创新搭上关系。但汉密尔顿曾任美国劳工部在西部八个州的地区行政官，因此他知道如何利用包容性设计思维来帮助公职人员和其他员工大幅改善他们为民众和客户提供价值的方式。

汉密尔顿告诉我，有一次，在加利福尼亚州长滩的一个公共就业发展办公室，她为一群社工教授设计思维课程。这群人想要提高政府为无家可归的年轻人实现就业的能力。他们最担忧的是，无家可归的年轻人经常进入该办公室，但待不了多久就走了。为什么这些年轻人不接受为他们准备的帮助？办公室怎么能对他们更有吸引力呢？

正当他们上课时，其中一个团队提议邀请一个不同寻常的参与者进来——一名保安。他们的想法是，保安一直在看着这些年轻人进进出出，所以也许他能得出一两个有用的观察结果。

当小组开始设计思维练习时，保安立即找到问题的关键源头。这是因为他们无家可归，他说。当他们进来时，身上带着仅有的财产，但他们发现没有安全的地方可以存放这些东西。他们拥有的东西太少了，所以他们非常害怕失去什么东西。世界对他们并不友善，所以他们觉得自己珍视的任何东西都可能被人拿走，所以他们才会转身离开。

根据保安的意见，设计团队提出了一个解决方案，主张立即利用前台附近的房间，在房间上贴上一个醒目的标签，来提供一个安全的地方为年轻人保管财物。结果是接受帮助的流浪年轻人数量大幅增加。

你可以在自己的设计思维练习中使用同样的包容性心态方式，比如当你们共同定义组织未来所需的心态方式时。任何研讨会只要有利益相关者群体的代表在场，都更有可能取得成功。即使是在传统的解决问题的会议上，如果你环顾四周，发现每个人看起来都像你一样，会造成一个致命的设计缺陷，因为你们很可能会想出相同的解决方案。结束会议，寻找其他可以帮助你扩大团队心理多样性的人，包括那些与你的利益相关者有相同生活经验的人。

支持团队现场发挥包容性设计思维的技术包括随处可见的白板和便签。Miro网站和Lucidspark网站提供一些在线分布式协作技术，可以模仿相同的体验。

包容性招聘、发展和晋升

在第5章中，我们探讨了一个包容性的招聘流程。越来越多的创新者正在开发软件，以识别工作描述和企业沟通中潜在的偏见型需求、用语和假设。我们中的任何人都很难承认甚至意识到我们在招聘、晋升和职业发展等过程中所存在的偏见。

我们要明白，仅通过在一些软件上进行追踪，来稍微改善招聘池的多样性，从而让公司达到表面上的多样性目标，对每一方（企业、社会，尤其是应聘者）来说都是失败的做法。你需要以组织的使命、价值观和心态为基础，在你的战略工具箱中解决这个问题是至关重要的第一步。

即使这样做之后，单靠软件工具也无法解决问题。许多反偏见工具都带有偏见，因为它们使用先前（有偏见的）招聘实践作为数据库。组织需要承诺进行持续的培训，以帮助整个组织及以后的利益相关者学习如何创造和维持包容性做法，不仅是尝试，而且切实地保证多样性、公平性和包容性。

增强员工和团队凝聚的工具

快速成型法

团队最困难的挑战之一是围绕问题的解决方案保持同步。许多人忽略的是，通过使用快速原型法，你可以利用设计思维来实时获得可行的认识。

正如长期以来，大型软件产品的开发，习惯遵循"瀑布"模型，在设计和生产过程中动辄投入数月的时间一样，许多传

统的非技术性产品开发也可能同样烦琐。在颠覆性变革不那么
频繁的时代，潜在客户的需求可能会维持足够长的时间不变，
所以他们可以花上数月或数年，等待新产品的到来。但灵活的
竞争和快速变化的客户需求相结合的时代，需要我们加快创新
步伐。

有效的实时原型设计包括让不同的思考者参与进来，每个
人都致力于快速决策；为他们提供支持性资源，以解决特定问
题，比如，能够理解产品愿景并快速交出产品建模或用户界面
的设计师；以及实施时间限制，以鼓励员工快速洞察问题和立
即实施计划。

实时原型设计不仅适用于产品，它对流程也非常有用。事
实上，我已经在使用设计思维和实时原型来加快顾问融入组织
的速度。你可以使用这种方法在组织中开展"流程管理营"，
找出大家都认为浪费时间或资源的现有流程，与实施流程的实
际利益相关者一起对其进行改进。

案例分析

实时原型法大师：汤姆·奇（Tom Chi）

奇是谷歌X实验室的6号员工，该公司的"登月工厂"开发
了Waymo自动驾驶汽车技术等新产品。当初，刚成立的谷歌X团
队想要把电脑显示屏嵌入一副眼镜，设计过程本来将长达数周或
者数月。但奇在几个小时内就想出了一个原型，让其他团队成员

能够实时测试它，这些成员里就包括谷歌公司联合创始人之一谢尔盖·布林。（我们当然可以说，谷歌眼镜作为一种产品，在当时并没有满足关键的市场需求。但很可能该产品走在了时代的前列，因为亚马逊等大公司今天也在销售使用了互动技术的眼镜）

此后，奇利用这种实时原型心态来帮助催化一系列创新。他给我讲了一位客户的故事，该客户打算在塔吉特百货（Target）这样的大卖场销售一款高端家居产品，于是想为该产品设计包装。尽管客户公司的设计团队花了数月的时间在这个项目上，但进展依旧缓慢，团队连统一的方向都商量不出来。

奇问他们在哪里可以找到产品的目标买家。答案是：全食超市（Whole foods）和苹果商店（Apple Stores）。因此，奇让客户往几个不同的城市同时派出几个小型调研团队，在这类商店外手持平板电脑，采访走出来的目标买家，问他们对平板电脑的包装设计有何看法？他们会买这个产品吗？

第一轮的回答不太乐观，因为很少有受访者知道这款产品是什么，也没有什么有兴趣购买。但当目标买家提出修改建议时，客户公司总部的一个设计团队实时听取了这些反馈，在几分钟内将这些想法转化为新的设计，并将其推送到测试团队的平板电脑上，测试团队在几分钟后就能请另一批买家提供新设计的反馈。

经过几个小时的多次迭代，客户公司不仅成功设计出了一个产品包装，让许多受访买家想要购买，而且还搭建了一个网页，让人们可以在该网页提交购买产品的预购单，而一些买家也当场下单了。

那么，这种方法如何用到流程当中呢？

奇讲述了另一个工业设备公司的故事，两年多以来，该公司某项目的主管频频离职，想重新设计项目流程来留住继任者，也一直未能如愿。在研讨会上，奇让他们采纳大多数高管认为可行的想法，将领导团队分成小组，并让每个小组在几分钟内完成一个流程的原型设计。然后每个小组从另一个设计小组"借来"一名成员，并向这名"小白鼠"阐述本小组设计的流程，使其以继任者的身份进行模拟采访。

在每一次模拟中，"小白鼠"高管都会"退出"公司。

好吧，所以这个项目注定留不住主管。但至少，在多年尝试补救无果后，这次只花了一个小时就找到了问题根源。然后，奇让他们进行另一项练习，以完成一套新想法的原型设计。在几个小时内，小组设计了一个新的项目程序，后来取得了巨大的成功。

这两个例子都说明，创意和测试之间的周期时间可以而且应该以分钟而不是以年来衡量。通过适当的准备，并让实际的利益相关者参与原型设计过程，可以快速实现重大产出。通过让员工体验快速原型法，他们不仅可以学习在许多情况下可用的新工具，还可以体验创造性的问题解决技术，这些技术可以在整个组织中产生巨大的积极连锁反应。

创意和测试之间的周期时间应该以分钟为单位，而不是以年为单位。

团队凝聚力

正如OKR是提高个人和团队效率的日常策略一样，敏捷项目管理实践已经从软件开发领域扩展到整个组织的一系列团队和项目的协调过程。

敏捷本质上是设计思维和OKR在战略上的结合产物。敏捷是一组实践，用于确定利益相关者的需求，定义目标和项目活动，协同分配团队角色，根据利益相关者的输入不断迭代目标和设计标准，每天同步团队活动，并将成品作为主要交付物。敏捷有自己的语言，比如冲刺、仪式、燃尽图、协作、协作主管和协作小组。你可以在线搜索敏捷宣言，来了解一些基本知识。

敏捷既是一种心态，也是一种工具。正如法国跨国零售商家乐福的首席学习官阿迪尔森·博尔赫斯（Adilson Borges）告诉我的那样，"我们总是问领导，你要做什么才能变得更敏捷？你要做什么来帮助你的团队变得更敏捷？"他接着说，"对我们来说，关键就是确保我们有能力对任何事情做出反应，并且能够以简单快捷的方式做到这一点。"博尔赫斯还指出，他经常使用"测试和学习"过程，如快速原型法，并正在就此主题撰写一本书。

提高效率的团队技术和软件工具通常对持续提高凝聚力也很有价值，从IBM到小型开发商的一众软件公司都提供了实现敏捷项目管理实践的工具。要了解敏捷实践如何在整个组织中使用，请阅读斯蒂芬·丹宁的《敏捷时代》（*The Age of Agile*）。

案例分析

一个集成的新一代规则工具箱：Catalyte破解了其中奥秘

提高效率、促进成长、带动参与和增强凝聚听起来像是一组难以集成到工具箱中的功能，但美国创业公司正是这样做的。Catalyte已经破解了密码，创造了一个集成的工具箱，该工具箱包含了新一代规则的技术和技巧。该公司的首席执行官许雅各布·许（Jacob Hsu）和他的团队设计了一款软件，从应聘者与公司互动之初就将高效性、成长性、参与度和凝聚力结合起来。

Catalyte成立于2000年，是一家契约式编程公司，总部位于美国马里兰州巴尔的摩。该公司提供一个学徒计划，旨在培训来自美国各地的员工成为"全栈"程序员。成功的受训人员随后将被雇用到该公司600人的工作网中，为迪士尼和耐克等公司服务。该公司的秘诀有：

● 参与：为了不断寻找新的程序员，该公司制作了一系列软件测试。申请者不仅要测试自己对编程的理解，还要面对一些非常困难的挑战，以评估其认知敏捷性等各种应变技能，以及毅力和决心等自我技能。雅各布·许说，申请者即便可以答对80%的问题，但如果他们表现得不够顽强，仍然不能通过。他们可以答错50%的问题，比如关于编程的特定知识技能，但只要显示出自己的努力和优秀的自我技能，仍然可以通过。这意味着，即使申请者只有最低程度的编程知识，也可以成功地完成考试并加入该项目。Catalyte还致力于在巴尔的摩等城市发起培训活动来建立多元化的工作网。

- 成长：雅各布·许表示，一旦进入该项目，利用循证学习，他的公司可以在六个月内培训一名程序员，其业务能力可媲美传统的四年制计算机本科生。Catalyte成功的原因之一是：学习者从第一天起，就要解决现实世界中的问题，他们的学习是应时应景的。

- 效率：在整个培训计划中，以及在正式入职后，员工都会持续收到来自团队领导和同事的支持性反馈，这个过程不像传统的员工评估那样令人发毛，而是持续技能发展的一个真实部分。

- 凝聚：同一个软件充当一组项目管理服务，帮助团队在目标和可交付成果上保持同步。由于Catalyte雇用的员工都在家办公，这些员工从一开始就要学习如何作为分布式团队的一部分发挥作用。

新一代组织的首要任务：赋予员工和团队权力

透过本书中的认识和实践，我们应该非常清楚，每个组织的主要成果都是赋予员工和团队不断解决问题和为利益相关者创造价值的能力。由于组织的员工和团队本身就是一个核心利益相关者群体，因此新一代组织有责任提供最佳技巧和技术，确保员工和团队获得成功。

我知道这听起来好像没完没了，但有一系列非常简单的问题可以指导这项工作：

● 组织中的每个员工和团队是否都觉得他们的工作比一年前更有效率？如果不是，想办法改进。

● 组织中的每个员工和团队是否都走上了个人和团队发展的道路？如果不是，想办法改进。

● 组织中的每一位员工和团队是否都觉得他们参与的工作充分利用了他们的"超能力"、他们喜欢使用的技能和他们最擅长的技能？如果不是，想办法改进。

● 最后，每个员工和团队是否都向组织的愿景、使命和战略看齐？他们能否列出自己的个人目标和团队目标，并描述这些目标如何向组织的一个或多个战略目标看齐？如果不行，想办法改进。

现在，让我们把到目前为止讨论的所有内容结合到一个框架中（见表8.1）。

表8.1 新一代规则构成

新一代规则的三个视角	四条核心新规则	个人和团队的新一代技能	亚里士多德画布的六个问题
心态 技能 工具	提高效率 促进成长 带动参与 增强凝聚	问题解决能力 适应力 创造力 同理心	内容 原因 对象 地点 时间 方式

来源：Charrette LLC。

把一切联系起来

到目前为止，我们已经讨论了很多问题。

在本书中，我们从心态、技能和工具的角度探索了与新一代规则相关的许多线索。现在，我们将把所有的点连接起来，来勾勒组织的工作生态系统。

下面这种方法可以把所有这些元素协同考虑进来。我称之为战略箭头。你会看到我们已经讨论过的很多熟悉的元素，比如组织的宗旨（愿景和使命）、组织的战略、组织和团队目标、组织和团队成果以及项目。

操作 > 项目 > 结果 > 目标 > 战略 > 使命 > 愿景

这是一张"路线图",领导新一代组织的人可以继续使用它,来鼓励组织使用彼此契合的心态、技能和工具。

把四条核心新规则看作是为组织的人力引擎提供动力的气缸:

● 效率是通过结果和目标的结合,以及交付它们的项目来提高的。

● 凝聚是通过将目标与组织解决问题和向利益相关者提供价值的战略(使命)联系起来增强的。

● 参与是为组织员工创造价值的一个关键方面——员工当然是关键利益相关者之一。参与度的另一个重要因素是通过从学徒制到基于项目的工作实践,鼓励"人才流入"整个组织。

● 成长是由解决问题和创造价值所需的心态和技能的持续发展推动的。

亚里士多德画布上的六个问题提供了贯穿整个箭头链的想法,让以上许多元素更加深奥和微妙:

● 原因主要取决于组织的愿景和使命,以及核心利益相关者的需求。

● 对象存在于组织的使命中,由员工利益相关者的特点决定。

● 方式主要是取决于战略领域。

● 时间通常在组织的战略、目标和结果以及团队的目标和结果中确定。

- 内容是交付结果所需的一系列问题和技能。
- 地点由所要交付的一系列项目而决定。

如果你对这些元素有不同的看法，你可以根据自己的视角来绘制它们。

以下是从战略箭头总结出的一些普遍认识：

- 职能越具有战略性，比如组织的使命和愿景，通常就越需要一致的思维。传达这种愿景是一项技能。但是，努力鼓励整个组织围绕愿景和使命保持凝聚力是一种思维。

- 一项职能的战术性越强，所涉及的技能就越多，例如执行项目和基本操作。

- 一项任务的重复性越高，比如流水线工作，就越有可能出现被机器人取代，机器或软件将执行越来越多的功能。这种任务也可能被外包，因其并不处在组织为利益相关者创造的价值的核心。

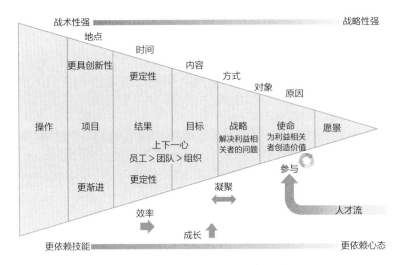

图8.1 战略箭头及新一代规则

来源：Charrette LLC。

图8.1显示了组织工作生态系统的丰富性。

我将在这里重申我在本书开篇说过的话。学习和实践新一代规则是一段旅程。在一个充满颠覆性变化和不确定性的世界里，这将是一项永远在路上的工作，就像人类社会的发展一样。

无论是你自己的工作，还是一个或多个团队的工作，你都要在工作生态系统中找到自己拥有最大能动性的角落。从这个角落向外扩展。找到"有识之士"加入你。

记住我们的口号：一个都不落下！

这是我们都想要的未来的开端

将这些用于你自己的工作和组织的工作中，实际上就是朝着构建更具包容性的未来工作迈出的关键一步。

那么，我们如何将结果优化十倍呢？

请继续往下读。

结论

我们都想要的未来

　　创造包容性工作前景有四个领域：个人、组织、社区和国家。每个组织和每个员工都在一个或多个社区、一个或多个国家或地区工作。我们只能通过在领域内和领域间的深入协调与合作，共同创造我们都想要的未来。

　　社会和经济的交汇处，决定了工作经济的一系列优先事项，定义了组织和员工之间的权力关系。领导者必须在运营所在国创造适应性强、包容性强的管理实践，让员工有能力找到或创造有意义、回报高的工作，让组织在今天和明天都拥有自己所需要的人才。

　　你有巨大的能力运用你的心态和技能来共建未来，具体方法如下。

包容性工作前景的四个领域

"抗解问题"是一类复杂的挑战，具有跨越多个领域的生态系统，难以轻易解决，而且往往持续存在，因为有些僵化模式今天依然奏效，并且能让人大发其财。美国医疗保健成本高、大学教育成本上升以及人类对气候变化的影响等"抗解问题"皆是如此。

我们需要围绕核心问题展开讨论，这样我们才能对如何解决明天的问题有所了解。这就是为什么我将与工作前景有关的数十个问题归纳为四个领域分别是：个人、组织、社区和国家。

请将这四个领域作为一个新的视角。假设你想解决的问题是帮助社区中的一个人在一个充满颠覆性变化的世界中做出良好的职业决策，如果你对此人生活的背景有一个充分的了解，你也能提供更好的帮助。假设你想让组织在工作环境中找到真正的目标，如果你对工作和学习的生态系统有一个全面的看法，你就能提出更具说服力的论点。

这四个领域都有一个核心问题需要解决：

● 对于个人：多年来，我与许多青年人进行过交谈，我把他们陈述的需求总结为：我如何才能在现在和将来找到或创造有意义的、回报高且稳定的工作？在我们的生活中，我们还需要很多别的东西才能获得成长。但单从工作的角度来说，如果世上每个人的这种需求都能得到满足，我们就高枕无忧了。

● 对于组织：从初创企业到大型跨国公司，从项目经理到首席执行官和董事会成员，我向许多组织领导者提供过建议，发表过演讲，我把他们的观点综合成一个问题：无论是现在还是将来，我们如何才能找到自己需要的人才来解决问题，并为我们的利益相关者创造价值？组织领导者还需要很多其他东西。但是，如果每个组织的员工都具有契合的心态和技能，那么这些组织就可以处理任何问题，为其利益相关者创造无数价值。

● 对于社区：当我与世界各地城乡社区的人们坐在一起时，我发现那些试图为社区共同创造解决方案的人实际上在问：我们构成了工作的生态系统，我们如何才能在其中发挥作用，让所有成员都能茁壮成长？

● 对于国家：从美国劳工部部长、教育部部长到参与政策制定的人，再到试图催化大规模变革的人，当我与这些人交谈时，他们总是想知道：我们如何才能拥有包容性经济？

在这本书中，我们已经广泛关注个人和组织。但现在我们有了一个新视角：在工作和学习方面，我们如何才能为所有人创造一个更加包容的未来，并将其作为我们工作和组织的一个组成部分？

你可能会对此感到惊讶，但我发现，几乎所有你能说出的与工作市场有关的问题都已经有人解决过了。只是这个解决方案还不广为人知，不容易移植，也不具有高度的可推广性。

　　下面按领域列出了其中一些策略。鉴于工作生态系统的复杂性，这些策略都是鼓舞人心的。

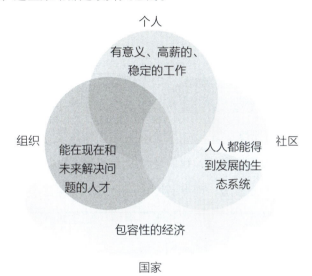

个人

有意义、高薪的、稳定的工作

组织　　　　　　　　　　　　　　　社区

能在现在和未来解决问题的人才

人人都能得到发展的生态系统

包容性的经济

国家

图9.1　包容性工作前景的四个领域

来源：Charrette LLC。

　　这些都是复杂的问题：我希望你们不要把目光移开。我在下面列出了一些统计数据，我鼓励你看看它们所揭示的模式。虽然我提出了一些解决方案，但我邀请你们把它们做得更好，并创造自己的解决方案。

　　事实上，我们在工作和学习领域面临的每一个大挑战都已经有人解决过了。只是这个解决方案还不广为人知，不容易移植，也不具有高度的可推广性。

个人：平衡桌子

经常有人问我："我们是否需要赋予个人权力，使他们能够在今天和明天接连取得成功，还是应该改变一个还未完全实现公平公正的制度？"

答案当然是肯定的，我们必须两者兼顾。只做到一点是不够的。变革不会放缓，现有制度也不会突然变得公平和公正。但我们需要承认，个人需求和工作市场功能之间缺乏平衡已经形成一种权力机制。

1988年，肖莎娜·祖博夫出版了《智能机器时代》，并起了一个恰如其分的副标题——工作与权力的未来。工作系统从根本上讲一直与权力机制有关。

把员工和组织之间的博弈想象成一张桌子。组织的结构和资产（物质资源和法律地位）独立于员工而存在，任何员工都可以独立于组织。但组织需要人来解决问题，为利益相关者（包括员工自己）创造价值，而员工通常需要组织来帮助他们调动集体能力。

有些人认为这种框架过于事务化，因此拒绝接受。组织在某种程度上也是人，所以把员工划到一边，把"组织"划到另一边是错误的二分法。但在一个组织中，职位越高的员工就越有可能掌握该组织的权力。就像工作的"模糊"性质一样，随着时间的推移，高管在这种权力结构中获得了更高级别的成员身份。这在零工中介公司中非常明显，这些公司总是有三个参与者：需求（客户）、平台和供应（混乱、昂贵的人力）。

人们工作，组织为他们的工作付钱。这是事务性的，没有什么对与不对。通常情况下，这就是一场游戏，其中一个玩家不仅拥有更多的牌，还可以影响游戏的很多规则。

组织和员工可以而且应该有一种共生关系。它们的相互依赖性由各自的目标决定。员工想要有意义的、高薪的、可靠的、有良好工作条件的工作。组织需要在不与商业模式冲突的条件下，找到人才来解决今天和明天的问题。如果员工不断学习解决新问题，他们就会有动机要求越来越高的回报。但在一个竞争激烈的世界里，股东们对领导者的控制力很强，企业有动机不断降低这些成本。于是，企业就会压低薪水，或者转向零工这样容易终止且低成本的雇用关系。

这就是权力机制。

20世纪80年代初开始，我在硅谷工作。我看到了高科技公司的创业热情对世界产生了多大的影响。我接受了这样一种说法，即任何人都可以成为创业者，任何人只要努力一点、聪明一点、运气好一点，就会成功。我认为会有很多新的经济增长点，每个人都会公平地受益。

我错了，我大错特错了。事实证明，受这种错误认知影响最大的国家是美国，在美国，20世纪50年代的桌子还是相当平衡的，而后倾斜到了一个非常陡峭的角度，甚至已经不是以前的桌子了。而科技和全球化正在施加更大的推力，来加剧桌子倾斜的角度。

事实证明，硅谷"快速行动,破除陈规"的信条是有后果的。其后果在一定程度上塑造了社会现在的样子。

看看在现代经济中，员工的总收入减少了多少。经济学家测量一个经济体的规模（比如国内生产总值），将其与人们的工作收入进行比较，并将其称为"劳动收入份额"，即员工口袋里的钱占其创造价值的百分比。事实证明，从1945年到1990年，美国劳动收入份额的比例基本持平。但从1998年到2016年，美国经济翻了一番，（剔除通货膨胀因素）劳动收入份额的比例下降了约10%。

桌子已经极度不平衡了。

什么改变了？是权力机制。

如今，在经济合作与发展组织（OECD）国家中，平均超过50%的劳动者受到某种集体工作协议的保护，通常是通过工会。根据美国独立性民调机构皮尤研究中心的数据，1954年，超过三分之一的美国工人受劳动协议保护。但到2019年，这一比例仅为10%。在私营部门，受保障的工薪阶级仅占6%。

员工抱团主义的急剧衰弱并不是因为普通人讨厌工会。

2019年8月的盖洛普民意调查显示，美国公众对工会的支持率为64%。那么，为什么会出现这种脱节呢？为什么近三分之二的成年人支持工会，却只有十五分之一的私营部门员工得到了保障？

还是权力机制的问题。

那么我们如何平衡桌子呢？我们需要公开算法的"AI治理"，将数据所有权交给人类，让平台牵头的工作越来越透明。我们需要重新开发员工合作的方式，以扩大员工的个人力量，例如自由职业者工会和合作组织。组织领导者需要倡导集体的声音、集体的代表和集体的行动，因为那些与组织使命更契合的员工，以及那些通过集体协商的薪酬和微观福利获得更好回报的员工，将更有效地解决问题，和为组织、客户和其他利益相关者创造价值。

这才是一笔共赢的好生意。

拥抱美好工作，甩掉"幽灵工作"，才是一笔好生意

据微软研究院高级研究员、哈佛大学副教授玛丽·L. 格雷（Mary L. Gray）称，大约四分之一的美国人有全职工作，但收入不足以维持生计。在其著作《销声匿迹》（*Ghost Work*）中，她指出，虽然技术推动更多合同工和临时工获得工作机会，让一些人的工作时间更加灵活，但对许多人来说，工作也变得不稳定了。2020年，玛丽凭借在科技与社会交叉领域的研究获评麦克阿瑟研究员。当我问玛丽员工最需

要什么时，她说："员工需要有能力控制自己的时间、工作内容以及共事对象。"当然，还要付给他们公平的工资和相应的福利。

这样做有很好的商业理由。在《理想用人策略》（*The Good Jobs Strategy*）中，哈佛大学教授泽伊内普·托恩（Zeynep Ton）提供了一个理由，主张组织应该将员工视为利益相关者。托恩举了一些例子，比如便利店和加油站连锁品牌QuikTrip，该品牌拥有800多家门店，年销售额达110亿美元，给员工们提供了丰厚的薪酬和优厚的福利。然而，其每平方米的销售额比行业平均水平高出50%，其每家店铺的利润是行业平均水平的两倍多。怎么做到的呢？原因是Quiktrip将员工视为利益相关者，视为致力于取悦客户的专业人士。这就是将目标融入公司商业模式的一个例子：因为员工的薪水很高，所以他们能提供出色的客户服务，这反过来又带来巨大的盈利。这是一笔共赢的好生意。

组织文化中的目标驱动

我们在这本书中花了大量时间研究，如何找准组织的目标，提高有效性、成长性、参与度和凝聚力。与增强现实眼镜一样，新一代规则提供了一套滤镜，用于理解和调整整个组织的心态、技能和工具。

现在我想提供一个新视角。如果你的商业模式本身能够实现你组织的目标，那么你就更有可能成功实现你组织的目标。

如果一个组织将一部分利润用于资助癌症研究，那么这个世界真的会变得更好吗？当一个组织想要找到一个能真正造福人类或地球的目标时，如果其核心商业模式与其创造的价值与该目标直接相关，它才有可能成功。少做坏事并不等于做好事。做好事来缓解不可避免的坏事也不是好事。当一种商业模式以操控我们的注意力为经济增长点时，很难保证它对社会只有积极影响。

那些依然按照旧式规则领导组织的人会问："我们是不是赋予了组织太多社会责任，给了领导组织的人太多工作负担？"你要原谅他们这么问。因为注重多样性和包容性；关注环境；对员工的健全生活负责……这份责任清单一眼望不到底。

但事实恰恰相反。组织可以做得更多。由于新一代组织是一个引导人员力量为客户和其他利益相关者创造价值的平台，因此，要使组织成为一个充满活力的生态系统，不断向扩大的利益相关者群体提供整合的价值，确保其使命得到真正执行，还有很多工作要做。但新一代组织迫使那些领导旧式组织的人审视一些相当基本的问题，比如他们如何、在哪里以及为什么赚钱。

你可以简单地把公司的目标放在演示文稿和公司食堂的墙

上。或者，你可以选择将目标扎根于地下，确保对目标的坚定承诺能经久不衰。具体做法是什么样的？

● 新一代组织由其文化中的目标驱动。从2019年商业圆桌会议的政策声明到全球最大对冲基金贝莱德首席执行官拉里·芬克（Larry Fink），在同一年撰写的"利润与目标"公开信，越来越多的人和组织正致力于扩大利益相关者的范围。在奇点大学，我们常建议组织领导者使用的一个框架是：确定一个巨大的变革目标（massive transformative purpose），即MTP。目标要够大，大到能改变世界。

● 新一代组织将对其使命做出承诺。"共益企业"是21世纪兴起的。有些人想让组织长期使命契合其他利益相关者的利益，他们可以启用或改变组织的合法结构，把自己将为人类或地球创造的价值成于文字。

● 新一代组织通过衡量指标来指导自己。这种有针对性的工具是明确的和可追踪的。例如，市值550亿美元的哥伦比亚银行使用B Corp B影响管理工具来衡量其目标和影响，不仅囊括环境、社会和治理指标，还覆盖整个商业生态系统。全世界共有600多个ESG指标，尽管这一领域可能需要稍加整合，但新一代组织仍不乏机会通过投资者、市场和政府认可的指标来指导其决策和行动。

● 新一代组织将员工视为关键利益相关者。这意味着组织将员工视为一个整体，致力于促进他们的福祉。组织的一部分目标是创造有意义、高薪酬的工作，由此，组织将员工视为其履行使命的关键。

● 新一代组织拒绝"负外部性"，并为其在世界上的足迹承担责任。他们致力于与社区和其他利益相关者合作，以了解其行动的后果。一家以目的为导向的科技公司不会简单地编写一些人工智能软件，然后毫无征兆地向世界发布。相反，它会与利益相关者共同创造产品，不断地测试，分析其影响，勇于承认错误，并立即纠正错误。

● 理想的新一代组织会从自己的使命中获利。维系长期目标的最有效方法是确保公司在赚钱的同时实现目标。如果一个组织的商业模式依赖于收集潜在客户的大量信息，利用社交网络向他们发送广告，推销他们不一定想要的产品，并从供应链中榨取最后一分钱的利润，那么该组织号称以改善人们生活为使命又能有几分真心？但如果每次有人购买和使用你的产品时，你都知道他们会变得更幸福，那么实现你的目标达成就是水到渠成的。

● 新一代组织将目标融入其产品和生产中。在某些情况下，真实的目标以"买一送一"的模式实现。

随着我们最终走向更具包容性的工作前景，投资者将越来越频繁地敦促那些组织领导者大幅提高对目标的承诺，尤其是在社会影响、环境管理和公司内部治理方面。例如，2020年年末，纳斯达克（Nasdaq）证券交易所宣布了一项规则提案，要求在该交易所上市的2500家公司中的每一家至少有一名女性董事和一名多元化董事。2021年年初，贝莱德的芬克告诉首席执行官们，他们必须开始将气候变化的商业成本和机会纳入他们的商业模式和报告中。

社区：每个人都能得到发展的生态系统

你的组织及其员工在一个或多个社区中运营，你的组织如何真正帮助这些社区繁荣发展？

想象一个突破性的社区赋权模式，它基于这样一个假设：面临经济挑战的家庭和社区能知道他们需要什么来改善他们的生活，并且可以有人信任他们能够做到这一点。

这听起来很激进，但效果非常好。

毛里西奥·利姆·米勒（Mauricio Lim Miller）在美国旧金山湾区长大，母亲是只读过三年书的移民。他发现美国许多扶贫项目只是加强了一开始造成贫困现象的经济机制。在得到加利福尼亚州奥克兰市时任市长杰里·布朗（Jerry Brown）的关注后，毛里西奥发起了家庭独立倡议（Family Independence Initiative，FII）。

FII的"替代方案"非常简单。询问人们需要什么，再给他们钱去做。你想让你的孩子成为家里第一个大学生？很好，拿个计划出来并在FII社区网站上公布你的计划。你的孩子就将获得无条件帮扶，比如课后辅导。在社区网站上报告家庭在实现这个目标上的进展。向其他达到类似目标的家庭寻求建议。为社区中的其他家庭提供支持，并贡献一些志愿时间来支持FII的运营，减少额外招募员工的数量。

毛里西奥和他的团队将FII互助模式加入社区独立倡议，这个全球合作平台由决策驱动，而做出决策的人正是与你境况相同的人。多个国家的社区已经启动了利用互动模式的项目，以应对从新冠疫情防控到创建新业态的各种挑战。毛里西奥凭借这项工作，获得了麦克阿瑟基金会（MacArthur Foundation）的"天才奖"。

如果你想戴上一副全新的虚拟现实眼镜，以不同的视角看待世界，请阅读毛里西奥的《另一种方法》（*The Alternative*）。

这种互助关系并不是什么新鲜事。几个世纪以来，社区已经弄清了什么对他们来说是重要的，并汇集了资源来解决他们最具挑战性的问题。不同之处在于，毛里西奥利用互助关系的方法始于这样一种假设，即家庭和社区知道他们需要什么，并且从不动摇这种信念。基金会和组织只需支持这项工作，结果便不言而喻。

组织领导者通常缺少对互助关系的承诺。

你的组织在一个或多个社区中运营。它雇用员工、利用供应链，与合作伙伴合作，解决问题，为客户创造价值，每个客户也在一个或多个社区生活和工作。你可能认为，仅仅为这些社区的一些人提供就业机会就足够了。但即便是从这样的基本关系中也存在负外部性。

互助关系为解决这些挑战提供了前进的道路。通过与社区成员合作，组织可以更好地理解自己所造成的负外部性，做出不可动摇的承诺，并就此共同创建真诚的解决方案，而这些承诺不会因为换了一批高管团队就轻易作废。

提到帮助社区共同创造美好未来的组织，创新合作社与农村创新中心是两个很好的例子。在整合工作生态系统方面，有些社区书写了不朽的故事，想了解更多，请阅读黛博拉·法洛斯（Deborah Fallows）和詹姆斯·法洛斯（James Fallows）合著的《我们的城镇》（*Our Towns*）。

国家：同历风暴，却不同舟

你可能会非常关注组织、团队和自己工作的未来。你可能会帮忙建立一个能让顾客满意的组织，你这就是在为经济作出贡献，从而为社会作出贡献，这就足够了。在老一套规则中，这可能已经足够了。

但你、你的团队和你的组织都在我们称之为社会和经济的生态系统中发挥作用。你所在的社会有一定的规范、法律和法规。

社会和经济的规则不是自然法则。它们是人类的决定。而我们可以做出不同的决定。

下一步

将这一章称为"结论"，实在有点讽刺。因为我想说的东西恰恰相反，一种崭新的心态和行动方式正冉冉升起。我希望这一章帮助你在企业愿景中将个人、组织、社区和国家视为相互关联的生态系统。我希望你能意识到，你可以利用你的心态和技能，为共同缔造理想世界的过程作出贡献，助力解决就业市场的抗解问题。正如IDEO设计公司的董事长蒂姆·布朗告诉我的那样，"最具破坏性的时刻也是集体心态创造出最佳解决方案的时刻。"他将这种大规模合作的新机会称为"设计集体主义"。

新冠疫情给了我们一个新的起点。通过采取一切可能的行动来助力缔结一个更包容的工作前景，你可以帮助建设新一代经济体。

根据IDEO设计公司董事长蒂姆·布朗的说法，"最具破坏性的时刻也是集体心态创造出最佳解决方案的时刻"。

最重要的是，我希望你抱有希望。我们人类历史上共同取得过许多惊人的成就。我们根除过许多疾病；我们创造条件让数十亿人摆脱贫困；我们让全世界的信息变得触手可及；我们已经用数字化连接了地球上一半的人；我们正在使用卫星开始连接另一半的人；智能软件正在解决更加复杂、更具挑战性的问题，结束它们对人类社会数千年的困扰；我们幻想的自动驾驶和飞行汽车很快就会变为现实。我们将重塑人类的工作和学习方式。

所有这些颠覆性的转变将继续淘汰旧式规则。传统技能不再能得到工作市场的青睐。对新技能的需求永无止境。我们都需要不断理解和利用新一代规则，这将使我们能够解决今天和明天的问题。

我希望本书中提出的许多认识和技巧将对你、你的团队和你的组织有所帮助。我想重申，这是一段旅程。正如一个组织对世界的愿景永远无法完全实现一样，我们也永远无法充分运用新一代规则。因为，随着我们共同创造新规则，许多新规则也在继续变化。

永远不会改变的是，需要将工作和组织的规则根植在以人为中心的价值观中。

我希望你们和我一起共同缔造一个包容性的工作世界。我相信我们可以做得更好，更圆满。个人、组织、社区和国家可以共同缔结未来。我们都可以为今天和明天做出简单而有力的承诺。

一个都不落下！

后记

战略人力资源：造一张新桌子

如果你往回翻这本书，你会发现我对人力资源没有太多提及。我还没有给这个部门想出讨巧的新名字。人力资源负责人经常问我："我怎么能进入高管层？"对此我还没有做出任何回应。

其中有几个原因。

一是组织内的每个人都需要理解、采纳并助力传播新一代工作规则。这个过程不应该外包给人力资源部。这个过程需要贯穿整个组织。人力资源是触发点，但这是因为它是组织中人员流程的传统连接点。这并不意味着人力资源部必须准备独自承担新一代规则的重任。

二是我们做过相同的事情，但我们做得不对。

20世纪90年代初，我曾担任《网络计算》杂志的主编，这一月刊主要关注大型组织中的计算机网络。我经常与首席信息官们交谈，他们经常抱怨自己感觉自己像公司的二等领导者。

然而他们想被视为战略贡献者，希望首席执行官觉得自己值得在"会议桌"上有一席之地，就像组织的其他部门领导一样。

我告诉他们，实现这样的目标有几个障碍。

一是他们的认知不足以为组织战略作出真正贡献。当时，计算和通信技术极其复杂。许多大型组织都有大型机、小型计算机、工作站、个人电脑，并用无数条意面似的网线连接所有设备，组成有线网络。然而，当时很少有大型组织将信息技术基础设施大量外包出去。说来也奇怪，各大组织仿佛约好了似的，最多只外包15%的信息技术基础设施。除此之外，首席信息官们认为独立维护所有设备是一项核心能力。然而，由于要保证设备在"99.99%的时间里正常运行"，这些首席信息官难免要像消防演习一样，随叫随到。他们认为，紧紧抓住这些职能对他们来说是一种竞争优势，尽管其他组织中的许多首席信息官显然在做完全相同的事情，几乎没有技能上的实际差异。

二是这些首席信息官的商业经验较少。他们通常是从工程师或技术人员开始职业生涯的，缺乏其他行业的经验。因此，他们的首席执行官很少向他们寻求战略建议。对于高管层来说，他们就是搞技术的。他们的行话是技术语言，而不是商业语言。

快进到今天，许多信息技术高管都在信息技术以外的业务部门工作过。许多公司已经将其计算基础设施托付给云供应商。正如《跨越鸿沟》（Crossing the Chasm）一书的作者杰弗

里·摩尔（Geoffrey Moore）常说的那样，首席信息官已经对
"什么是核心，什么是背景"有了标准，卸下了许多无法真正
区分其业务"核心"的"背景"业务担子。

　　技术已经成为几乎所有组织的关键核心竞争力，借这需求
上升的东风，首席信息官的境遇得以改善。首席信息官不用再
眼巴巴地望着会议桌旁的位置，因为如果首席信息官不在场，
许多组织将处于竞争劣势。而且，由于许多首席信息官都有组
织各方面的经验，他们也非常了解挑战和机遇。

　　今天的首席人力资源官（CHRO）有着十分相似的执念，他
们也想在会议桌上有一席之地。但是首席人力资源官应该放下
这个执念。他们需要打造一张新桌子。

　　我们已经知道该怎么做了：将组织转变为一个平台，引导
人员力量为客户和其他利益相关者创造价值。

　　然而，许多首席人力资源官有太多的运营职责，这些职责
与首席信息官对早期计算网络基础维护的职责一样重复性高且
没有区分度。由于大多人力资源负责人都是只在人力资源领域
成长的，所以在高管层眼里，他们不过是管文件的罢了。

　　人员管理者的第一个任务是共同创建组织人力工作网的愿
景，清晰地描绘出成为新一代组织的方式，从而不断扩大人才
潜力，为客户和其他利益相关者持续创造价值。打造这张新桌
子的愿景必须足够有说服力，才能让组织中的其他领导者肯穿
过荆棘，帮助实现这一愿景。

第二个任务是扩大人才库和经验池。人力资源部应该开始从组织的其他部门大量招揽人才。主动承担任务，将自己融入其他业务部门。从在其他部门工作过的人身上获得一手经验。

第三个任务是自动化或减轻流程负担，这样，管理福利和处理休假请求等枯燥的审批业务就不会产生太多的流程和认知负荷。这并不是说这些业务对员工来说无关紧要，事实远非如此。这些业务需要得到高效可靠的执行。但是，交付它们的过程不能让你的组织有什么起色。

当然，自动化这些任务是一个循环性挑战。你正在自动化人类正在做的工作，但"管人"的人不能一股脑地将大量工作自动化。否则，你将遇到极具讽刺意味的失败。

然而，这是一个独特的时代，人力资源负责人可以完全重塑对话。他们可以引导组织了解通过促进以人为中心的实践，大幅提高组织能力的机会。凯利·史蒂文-魏斯是《内部工作》一书的合著者，曾任HERE科技公司的首席执行官。正如凯利告诉我的那样，如果你是首席执行官，"你需要领导整个公司的转型议程。"

并不是说有传统人力资源背景的人不能做到这一点。只是要困难得多。现在就从跳出传统背景开始招聘，尽可能快地建立团队的心理多样性。赋予他们冒险的能力，给他们快速行动和勇于试错的心理安全感。尽可能将他们嵌入其他业务部门。

你有一个历史性的机会。我们正处于组织历史的转折点，我们正在重新定义人类合作和创造价值的意义。我们用来组织活动的许多主要策略——公司等级制度、把公司当成封地、把员工视为资产、将员工拴在一个岗位——都随着老一套规则而逐渐消失。你必须成为新一代规则的创造者和拥护者。

将现有人力资源职能引入新一代规则

由于人员力量的引擎暂时不存在，我们今天依赖的似乎是无穷无尽的与人类和工作相关的技巧和技术。以下是适应四条核心新规则的工具清单：

● 成长：在线学习系统；学习管理系统；基于虚拟现实和增强现实的培训；职业规划和职业管理工具；"重塑技能、提升技能、交叉技能，超越技能"；未来技能的培训；自我盘点；测试；评估；员工敬业度监测；管理培训；领导力发展；健康、舒适和幸福；全面发展。

● 效率：生产力工具；敏捷开发流程技术及工具；绩效管理系统；能力管理；薪酬和奖励谈判和管理；效益管理；识别系统；继任管理；重新安置应用程序；创新过程工具；内部创新市场；工作场所环境设计；合作设施。

● 凝聚：同步和异步通信与协调工具；协作工具；项目管理；文化调查；组织协调软件；分布式工作技术；环境影响意

识；可持续性实践监测。

● 参与：招聘；简历复管理；数字面试；入职；员工经验；多样性、公平性、包容性；雇用偏见检测及避免；反性骚扰培训、监管和举报；数字工作市场；集体员工的声音、代表和行动；测量；分析；员工安全管理。

这份清单还远远没列完。

我列这份清单只是为了展示与人相关的工具已经变得多么混乱。在这里，我们实际上只是将许多旧式规则实践硬塞进新一代规则的类别。当然，你的组织需要许多这样的技术来预防和解决与人员工作相关的问题。但是，正如信息技术组织抛弃了许多曾经耗费他们注意力的运营职能一样，新一代组织必须致力于一个持续的过程，专注于人类工作网最具战略性的需求。这意味着要优先考虑技术工具箱，将重点放在那些能够帮助新一代组织的工具上，并在这些工具无法奏效的地方，对流程进行分流和交接。

但最关键的工作是破解人类技能的密码，下面是方法。

破解人类技能密码：我们需要一个工作基因组

想象一下，你可以拥有关于组织中所有人的潜力的全面信息，以及关于今天和明天要解决的问题的所有知识。有了正确的技术，你可以帮助人们更快地了解自己的能力，开发新技能，并不断解决组织利益相关者的问题。由于该软件可以模拟员工可能感兴趣的职业类型，因此人们可以获得大量信息，以此作为职业目标的基础。每个人都收获了成功，每个人都能获得关于自己和未来机会的大量信息，组织可以优化其工作网，教育工作者可以更好地理解未来员工需要的技能，政府可以获得自我优化的劳动力。随着时间的推移，评判资质的指标不再只有耗费多年才能获得的一纸文凭，员工可以积攒经验和学习知识来获得可堆叠证书。人们将拥有自己的技能数据，可以灵活携带，从学校到企业再到政府项目。

1995年，我作为一家人力资源信息系统初创公司的首席运营官首次有了这样的愿景，这家公司后来改名为进化软件。然而，当时的技术无法胜任这项任务，所以它只能是一个愿景。

这一愿景一直存在一个大问题。我们中的大多数人无法就技能的定义达成一致，更不用说不同的技能标签意味着什么了。我们通常不会就某一特定水平的熟练程度达成一致，也不会就如何衡量这一水平达成一致。这种缺乏一致性的情况不仅在雇主、教育机构、社区和政府之间存在，实际上在许多组织和机构内部也是如此。

我们需要的是一个灵活、开放、全局的本体论，将其作为一个活生生的、数据驱动的信息空间，围绕基于严格应用分析的技能标签进行整合。通过观察现在和过去员工的技能和其他属性，以及今天和明天的工作角色，一个组织可以更有效地帮助员工与最合适的问题动态匹配。

我称之为工作基因组。

当然，需要有某种机制，允许不同的组织各自拥有一套适合自己的技能信息空间。这能最大限度地鼓励创新发生。目前已经有许多初创公司、公会和倡议组织专注于工作基因组。我相信，在未来，当我们回顾这段时间，就像我们破译了人类DNA的密码一样，我们将豪言自己破译了人类技能的密码。

如今，人力资源领域的领导者有能力和责任——重新定义人类如何通过引导人员力量共同创造价值。组织中的每一位领导者也是如此。

致谢

我的运气非常好。

海蒂·卡洛琳·克莱默斯（Heidi Carolyn Kleinmaus）是我的妻子。她与我一起管理我们的公司Charette LLC，还负责安排我的演讲活动。她是我的缪斯女神，她让我不断地挑战自己，也让我变成一个更好的人。从她身上，我学到了坚定和勇敢。我希望你也拥有或者会找到这样一个人，来尽可能充实你的生命。海蒂曾告诉我："这本书已经在你脑海中了。"她说的一点没错，她从来没有错过。

克里斯蒂安·克莱默斯·鲍利斯（Christian Kleinmaus Bolles）是我的儿子。他是一位才华横溢的作家、编辑和学者。他写起东西来比我强得多，他为自己的信念而激情奋斗，给予我源源不断的灵感。从他身上，我学到了真实。

谢伊·迈克尔·罗宾·斯塔尔·肖恩森（Shea Michael Robin Star Shawnson）是我的外甥。从他出生的那天起，我就知道我们会十分亲近。从他身上，我学到了忍耐和坚持。

理查德·尼尔森·鲍利斯（Richard Nelson Bolles）是我已故的父亲。他总是妙语连珠，为他人的职业发展建言献策。他也是我的导师和伙伴，他帮我构筑创造力的基石，培养好奇心，种下对文字的热爱，以及使我得以初窥人类的工作机制，我时常念叨他留下的不朽遗产。在书里提到他时，我本可以直呼其名，或者叫他"老鲍"。但"我的父亲"听起来更适合。

珍妮特·洛林·普莱斯·鲍利斯（Janet Lorraine Price Bolles）是我的母亲。她对人总是关怀备至，宛如一位恬静的智者。她让我萌生了同情和服务他人的想法。

我的哥哥史蒂芬（Stephen）和妹妹莎朗（Sharon）在童年和成年都给了我美好的陪伴。我想念我们故去的兄弟马克（Mark）。

接下来，要感谢我的朋友们。

约翰·哈格尔三世曾是德勤前沿中心的联合主席之一，现在是超越边界有限公司（Beyond Our Edge LLC）的联合创始人之一。长久以来，哈格尔三世是我的老师和朋友。从"拆解问题"到"推动巨变"，他的突破性见解令我受益匪浅。

埃里克·巴内特是我的老朋友和长期商业伙伴。他不仅是知名的软件架构师，还是美国最棒的吉他手之一。加油，哥们。

几年前，凯瑟·斯威尼（Kathe Sweeney）曾邀请我为领英学习平台设计课程，后以本书编辑的身份与我再度合作，帮助我扩大全球影响力。

李夏琳帮我找到了写作的切入点。"全写下来，"她说，"但要简练。"这个建议让我知道从哪里入手。

梅根·卢博斯基（Megan Lubowski）提供了宝贵的支持。

感谢为我研究人类和工作作出贡献的朋友们，他们是：查姆·古根海姆（Chaim Guggenheim）、莱拉·托普利（Leila Toplic）、西里尔·格洛克纳（Cyril Glockner）、薇薇安·明（Vivienne Ming）、阿尔·帕尔曼（Al Perlman）、罗莎莉·哈丁（Rosalee Hardin）、凯文·琼斯、马克·比姆、伊泽尔·沃西基（Esther Wojcicki）、大卫·柯克帕特里克（David Kirkpatrick）、弗朗西斯·鲍勒斯·海恩斯（Frances Bolles Haynes）、丹尼尔·波罗（Daniel Porot）、罗斯·马丁（Ross Martin）、菲尔·柯西诺（Phil Cousineau）、詹姆斯·法洛斯、黛博拉·法洛斯（Deb Fallows）、德克·施皮尔斯（Dirk Spiers）、瓦莱丽·贝金汉姆（Valerie Buckingham）、威尔·韦斯曼（Will Weisman）、肖恩·沃森（Sean Watson）、大卫·里斯（David Reese）、谢尔·易瑟瑞（Shel Israel）、大卫·斯特罗姆（David Strom）、约西·瓦迪（Yossi Vardi）、齐内杜·奥切鲁（Chinedu Ocheru）、奥沙克·帕梅拉·阿巴鲁（Oshoke Pamela Abalu）、尼克·斯穆特（Nick Smoot）、马特·邓恩（Matt Dunne）、艾琳·多布森（Erin Dobson）、苏珊·麦克弗森（Susan McPherson）、梅根·贝克（Megan Beck）、亚历克斯·希尔林格（Alex Hillinger）、尼古拉·科尔津（Nicola Corzine）、约翰·艾恩斯（John Irons）、安德鲁·邓克曼（Andrew Dunckelman）、林赛·克努文（Lindsey Kneuven）、维克鲁姆·艾耶（Vikrum Aiyer）、洛林·普拉托（Lorin Platto）、阿莱格拉·迪金斯（Allegra Diggins）、大

卫·霍尼克（David Hornik）、吉姆·巴勒尔（Jim Baller）、杰夫·伦德沃尔（Jeff Lundwall）、克里斯·希普利（Chris Shipley）、丽莎·利希特（Lisa Licht）、彼得·西姆斯（Peter Sims）、弗吉尼亚·汉密尔顿、多弗·塞德曼、帕特里克·兰兰西奥尼（Patrik Lencioni）、亚当·格兰特、马库斯·亨特（Markus Hunt）、汤姆·弗里德曼、弗洛·艾伦（Flo Allen）以及尤利西斯（Ulysses）。也感谢劳丽（Laurie）和乔·隆比（Joe Rombi）的盛情款待。